巴渝艺文丛书

游鱼之乐

The Joyful City of Chongqing

任蓓○著

张亚○绘

重庆大学出版社

图书在版编目（ＣＩＰ）数据

游鱼之乐 / 任蓓著. -- 重庆 ： 重庆大学出版社，
2022.9
（巴渝艺文丛书）
ISBN 978-7-5689-3503-6

Ⅰ．①游… Ⅱ．①任… Ⅲ．①地方文化 - 介绍－重庆
Ⅳ．①G127.719

中国版本图书馆CIP数据核字(2022)第159663号

巴渝艺文丛书

游鱼之乐
you yu zhi le

任蓓/著　　张亚/绘　　张旭光/古琴演奏

责任编辑：蹇　佳　　书籍设计：凌　晨
责任校对：刘志刚　　责任印制：赵　晟

重庆大学出版社出版发行
出版人：饶帮华
社址：重庆市沙坪坝区大学城西路21号
邮编：401331
电话：（023）88617190 88617185（中小学）
传真：（023）88617186 88617166
网址：http://www.cqup.com.cn
邮箱：fxk@cqup.com.cn（营销中心）

全国新华书店经销
印刷：重庆新金雅迪艺术印刷有限公司
开本：890mm×1240mm 1/32　印张：5.25 字数：106千　插页：16开1页，32开1页
2022年9月第1版　　2022年9月第1次印刷
印数：1—3000
ISBN 978-7-5689-3503-6　　定价：68.00元

鸥鹭忘机

琴瑟相知　听音观书

序：巴渝山水滋养的自信与自足

任蓓老师《游鱼之乐》一书既成，嘱我作序。尽管我也算是"巴人"（四川阆中），但对巴渝文化所知有限。然而几番推辞未果，只好诚惶诚恐，勉力写些读后感。

我与任老师都供职于社院系统。社会主义学院还有一个牌子，叫作"中华文化学院"。2018年12月由中共中央印发的《社会主义学院工作条例》规定，社会主义学院应当"深入研究中华文化的历史渊源、发展脉络、基本走向，深刻阐释中华文化的独特创造、价值理念、鲜明特色"，"讲好中国故事，传播好中国声音，阐释好中国特色，展示好中国形象，助推中华文化的国际传播"。

责任使命在肩，落到实处尤难。经历近代以来的"三千年未有之大变局"，那些形成于传统农耕社会的传统文化，如何用于以工商业为基础的现代社会？那些诘屈聱牙的"之乎者也矣焉哉"，如何走进读着白话文、看着动画片长大的年轻人的心里？

宋代哲学家陆九渊曾豪迈地说："东海有圣人出焉，此心同也，此理同也。至西海、南海、北海有圣人出，亦莫不然。千百世之上有圣人出焉，此心同也，此理同也。至于千百世之下有圣人出，此心此理，亦无不同也。"就精神世界的基本机理而言，古人和现代人之间的差别，未必有后者通常所设想的那么大——古人和我们一样，面对各种迷茫、纠结、痛苦、挣扎，但也拥有自觉、自主、自信和自强的一面。古人在各种艰难选择中积累的经验和智慧，又经历了悠久岁月的大浪淘沙，流传至今的其实颇为宝贵。但是，今人为何对这些经验和智慧望洋兴叹、心生隔阂？问题主要不在具体的内容，而出在传播方式上。毕竟今人生活的时代、受教育的背景和接受的习惯，都发生了较大的变化。习近平总书记说"要让收藏在禁宫里的文物、陈列在广阔大地上的遗产、书写在古籍里的文字都活起来"，这就需要创造性转化和创新性发展。

读罢《游鱼之乐》，一个强烈的感受是，作者让庄子和禅学的思想，活在了巴渝的山川河流、风土人情中。而且，比较有巧思的是，作者用庄子的方式实现了这一点——书中的主角是与重庆渊源甚深的一对石鱼。书中传递的，有对天地宇宙的思考，有对生活真谛的反思，更有对巴渝文化的桑梓深情。书里说，"人生境界大小，在于高度与视角，并没有对错，只有选择""这里的山，不争不抢，不吵不闹，却拥有保持喜乐的心境""雅室何须大，花香不在多"，等等，都给人留下深刻的印象。

中国传统文化强调家国天下，主张责任伦理，这是必须的——唯其如此，我们才能形成今天这样的超大规模共同体，从而为每个个体的生存和生活提供和平稳定的公共物品。但是，有时候这也会在客观上产生忽略个体维度的问题。难能可贵的是，在先秦诸子中，庄子开启了重视个体逍遥的思想进路，补足了中国人的精神世界。后世，深受庄学影响的禅宗继续沿着这个进路走向深入，为我们留下宝贵的精神财富，并深刻影响了中国艺术精神。该书以传统与现代风格交融的绘图和文字相配合，遵循现代人的审美意趣和接受习惯，吸取庄子和禅宗思想的精髓，彰显出一种不将不迎、不卑不亢、从容有度、有为有守的"自信力"和"自足感"，也充分阐扬了中华文化独一无二的气度和神韵。以爬坡上坎的山城为底色，以浩荡奔流的江河为背景，这种自信和自足显得更加立体而丰富。

写作这篇文字的时候，重庆正遭受极端高温、山火不断、干旱绵延、严重缺电、疫情骤紧的五重"袭击"，真是让人揪心。看到一篇文章说，别看重庆人平时稀稀松松、随随便便、大大咧咧、嘻嘻哈哈，但在关键时刻、危难时刻，所有重庆人都露出了"真面目"，于是战斗力爆表。文章还说，重庆到处都是坡坡坎坎，到哪儿都需要爬坡上坎。这样的地理环境和生存方式，孕育了一种特别善于爬坡上坎的城市精神：团结互助，勇于担当，负重前行，不负重托。生活在这座城市里的人，潜移默化之间，骨子里就会刻下这种城市精神。

重庆人平时为何能稀松随便、大大咧咧？任老师在书中所彰显出的那种"自信力"和"自足感"，是这种生活态度的精神底色。而那种团结互助、负重担当的精神，与稀松随便、大大咧咧其实是一体两面——唯其如此，才能阴阳调和，动态平衡。对于团结互助、负重担当的精神，也许可以通过类似本书的方式加以呈现。

任老师说，后续还有一系列写作计划。不知上面所说，是否也在计划之中呢？

以上仅读后感，万万算不得序。

李勇刚

2022年8月于中华文化学院

自序

党的十八大以来，习近平总书记多次强调要科学对待中华优秀传统文化，努力实现中华优秀传统文化的创造性转化、创新性发展（以下简称"双创"），不断铸就中华文化的新辉煌。

"巴渝艺文丛书"创作的主旨是以习近平新时代中国特色社会主义思想为核心，以中华优秀传统文化"双创"为指导，以重庆文化为基点，将地域文化、城市性格、文化符号、人文精神与生活美学中所展示的艺术之美、空间之美、情景之美、意境之美、器物之美、雅道之美、韵律之美相结合，从根源上去发现中华文化之雅静、之韵律、之风骨、之精神的文化血脉，释放当代中华文化之美、人文之美。本丛书独到之处在于将巴渝文化的城市性格与人文品格融合，打破传统的认知和固有思维，激活文化的活性，用"发现"的眼睛去看、去悟、去感；去寻找自己、发现自己、取悦自己；用艺术表达文化，用文化促进共识，讲好巴渝故事，传播中国好声音，着力推进中华优秀传统文化创新与转化、继承与发扬，弘扬社会主义核心价值观，增强文化自信，强化文化认同，提升文化软实力。

对于一个土生土长的"80后"重庆人来说，重庆是我热爱的家乡，正是这座有情怀、有格局的城市：让大山怀抱我，给了我包容；让江水滋润我，给了我从容；让坡坎锻炼我，给了我坚韧；让麻辣激发我，给了我热情。或许正是"一方水土养一方人"，这座城把我打造成为一个十足的"重庆妹儿"！

"重庆妹儿"就应该有重庆人的态度。

1997年，举国欢庆"香港回归"的同时，也迎来重庆这座全国第四个直辖市的诞生，这座山城迎来新发展，立志之年的我也怀揣着无限憧憬。

1997—2022年，我们经历了太多，也成长了不少。从"看山不是山，看水不是水"的年少轻狂到"看山还是山，看水还是水"的从容淡定，我们都有了彼此的认知，也见证着彼此。近不惑之年的我，该用什么样的方式写下我们之间的故事，去迎接未来呢？此时，"巴渝艺文"为我与这座城之间架起了一道桥梁，或许可以成为山城儿女对这个特别的25周年的一种祝福。

重庆为什么成为"来了就有理由留下的城市"自然还是有道理的。

这座城有很多的不协调，却自然地调和在一起；有很多的不合适，却完美地兼容在一起；有很多的不融合，却和谐交融在一起。你说重庆向上成长，他也向下生长；你说重庆两江环绕，他也群山环抱；你说重庆城在山之中，他的山却在城之中。如此的城，如此特别、如此魔幻。那么，就让"巴渝艺文"用特别的方式来表达这座城，来展现这里的人。

重庆文化的根脉来源于巴渝文化，火辣外向、豪爽耿直、吃苦耐劳常是重庆人的标签，没有太多"规矩"，多直觉与本能。这种气场与艺术追求的表达方式不谋而合，那就用艺术的方式来讲巴渝故事。因此，您可能在书本里看不到太多的文字，但是，每一个字符都是在努力地"用哲学结合艺术，用艺术表达人文"，这也是打破常规的一种"不破不立"的思想态度。

本书希望传达的价值：
世间并没有对错，只有选择。

我的选择便是用我的方式来表达我热爱的一切，这或许就是重庆人的性格——"犟"。

表达重庆的方式有很多，我选择了"巴渝异文"，这里的"异"就是一种不破不立的态度，一种创新的精神，更是求同存异的胸怀与格局。一些看过本书初稿的朋友感叹："好像从来没有人这样诠释过重庆""重庆还有如此柔美的一面""没想到宋风也能与重庆符号完美结合"。用独特的方式来表达我的观点，这样的独特就是创新，创新就是一种态度，就是打破常规的态度！

丛书还需要用"议文"的方式表达。每一段文字中，每一个观点都可以有非常多的延伸内容。大千世界，生活在这里的每一个生命都在自己所在的群体、环境、空间展现出不一样的人生，他或许是一位思念家乡的华侨，或许是一位成功的企业家，或许是一位扎根重庆的异乡人，也或许是一位充满市井气息的卖菜大叔……当书中的每一个观点与不同的生命去讨论、去碰撞，去打开心灵，呈现在眼前会是怎样呢？"巴渝议文"便是这本书的延续和未来！

"巴渝艺文丛书"将以《游鱼之乐》开启，书写了我对人生的理解与总结，书写了我对重庆的情怀，也书写了我对未来的精神嘱托。此刻，我知道有温度、有情怀的您，或许正用另外的方式书写着您的"巴渝艺文"！期待您与我结伴同行，共同书写我们与这座城的未来！

以此为序。

2022年8月

目录
CONTENTS

问世

白鹤梁观石鱼
（宋）高应乾

访胜及春游，双鱼古石留。

能观时显晦，不逐浪沉浮。

守介难投饵，呈祥类跃舟。

胥归霖雨望，千载砥中流。

我 是 谁

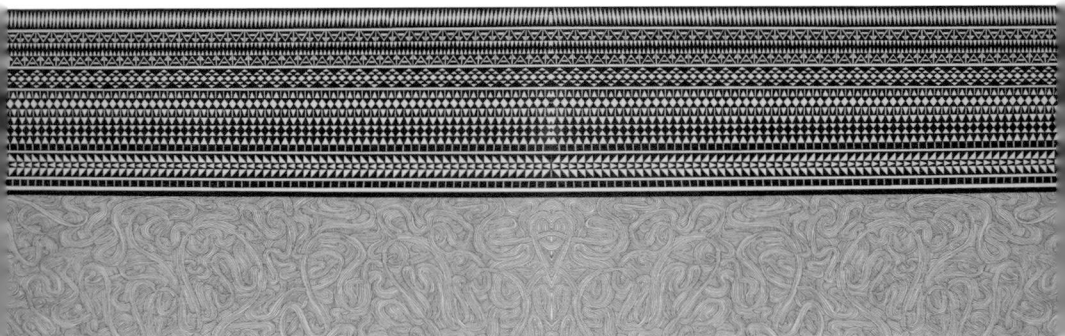

"白鹤绕梁留胜迹，石鱼出水兆丰年。"

在巴渝㉑大地上，长江与乌江交汇处的古都涪州（今重庆涪陵），出现一道千米石梁，石梁上常有白鹤群居，展翅嬉戏、引吭高歌，吸引众多生灵修道于此，古称"白鹤梁"㉒。

㉑"巴"由地名演进为族群，巴地的族群都可被称为"巴人"；"渝"为相对狭小的地域概念，指以生活在渝水两岸的七姓之巴（巴人板楯蛮支系、賨人）为中心的巴人聚居区。"渝"亦指渝水，即流经阆中地区的嘉陵江，渝水是渠江的又一名，本嘉陵江支流之一，南北朝的周陈时期成为整个嘉陵江的别称。可见，"巴"是族称，"渝"是地名。今天人们所说的"巴渝"是从"渝州"派生出来的，隋开皇三年（583年）改楚州为渝州；北宋崇宁元年（1102年）奉崇"恭行天罚"，改渝州为恭州；南宋淳熙十六年（1189年）因恭州为光宗潜藩之地，升恭州为重庆府。因重庆府古为巴地，渝州亦可简称"渝"。"巴渝"则作为渝州、恭州、重庆府与今日重庆对应的古称。

㉒白鹤梁位于长江三峡库区上游，重庆市涪陵城北的长江中，是一块长约1600米、宽16米的天然巨型石梁，石梁灰白平滑，古称"巴子梁"。因常年有白鹤群集梁上，传说道士尔朱通微在此修炼得道，乘白鹤而去，"白鹤梁"由此得名。白鹤梁是一座以石鱼为水标，并观测记录水文的古代水文站，被誉为"世界第一古代水文站"。其集科学价值、艺术价值、文学价值于一身，是长江历史文化的绚丽名片。

白鹤梁自西向东延伸，与江流平行，形成一道阻澜隔浪的守护屏障。光滑如鉴的石梁上，题刻着一对充满灵性的石鱼[注]，每条鱼身上有36片鳞，一条鱼叼着一株光亮的灵芝，另一条鱼叼着一朵雅洁的莲花，旁边放着一个斗。相传只要石鱼露出水面，便预兆丰年即将来临。

[注]长期生活在长江边的巴渝先民，曾在白鹤梁上雕刻石鱼作为水标以观测长江水位的变化。石鱼出水意味着一个枯水周期的过去，丰收之年即将来临，随即便有了"白鹤绕梁留胜迹，石鱼出水兆丰年"的谚语。

朝代变换，岁月相积，石鱼在这里默默地守望，承载了世世代代的更迭交替，看见了祖先的故事，看见了我们的故事……

我 从 哪 里 来

精灵出世

传说，上古时期女娲创造了人类。有一天，天空突然
出现了一个大洞，人类顿时陷入无边的灾难之中。女
娲见人类遭受如此的痛苦，伤心至极。

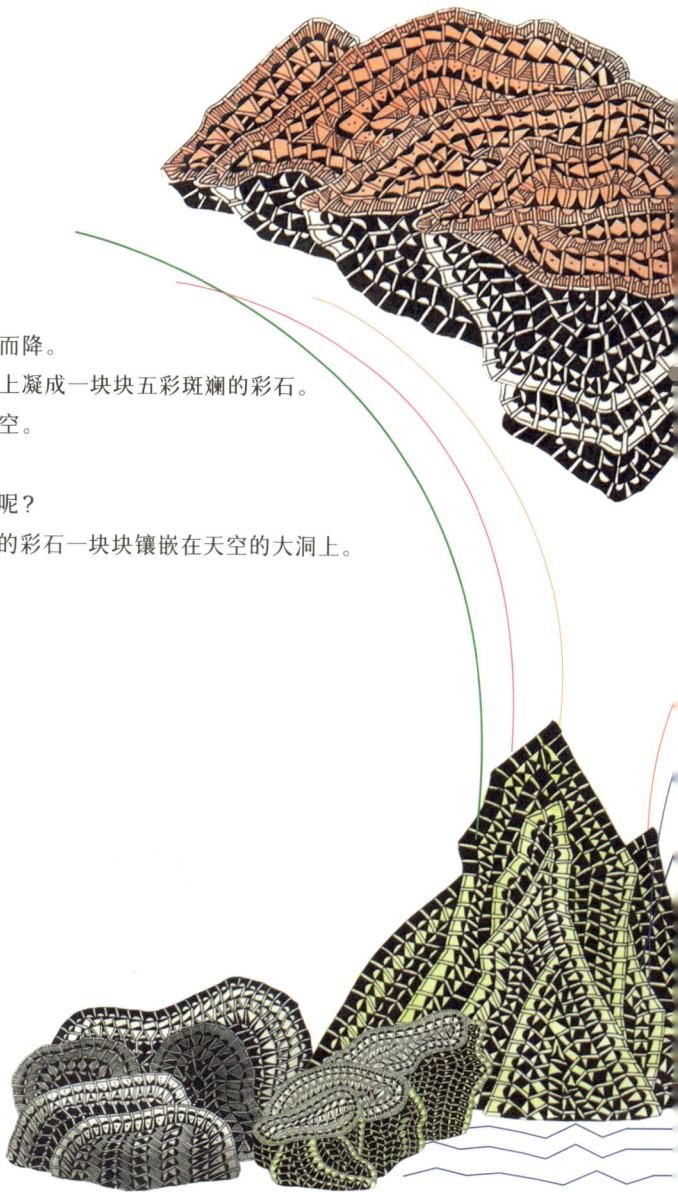

泪水如瀑布般从天而降。

瞬间，泪水在土地上凝成一块块五彩斑斓的彩石。

如同色彩变幻的天空。

为何不用彩石补天呢？

于是，女娲将绚丽的彩石一块块镶嵌在天空的大洞上。

有一天，
女娲在补天时不小心把一颗彩石掉进了长江，有神力的彩
石在长江中默默地等待女娲来找寻他，可是女娲一心补
天，竟忘记长江中还有一颗彩石。

彩石等啊等，一等就是一千多年。日月更替，岁月无声，
他拼命地吸取天地之灵气、日月之精华，承接自然之恩
泽，不知受了多少风雨的洗礼、湍流的潮涌。

突然，

从山水间飞来一群仙鹤，此时万里无云，仙鹤高飞的方向架起一
道五彩的桥梁，桥梁之中射出一道强烈的光，直线照耀在彩石
上。瞬间，彩石突然迸裂，从彩石中跃出两条灵动的石鱼。

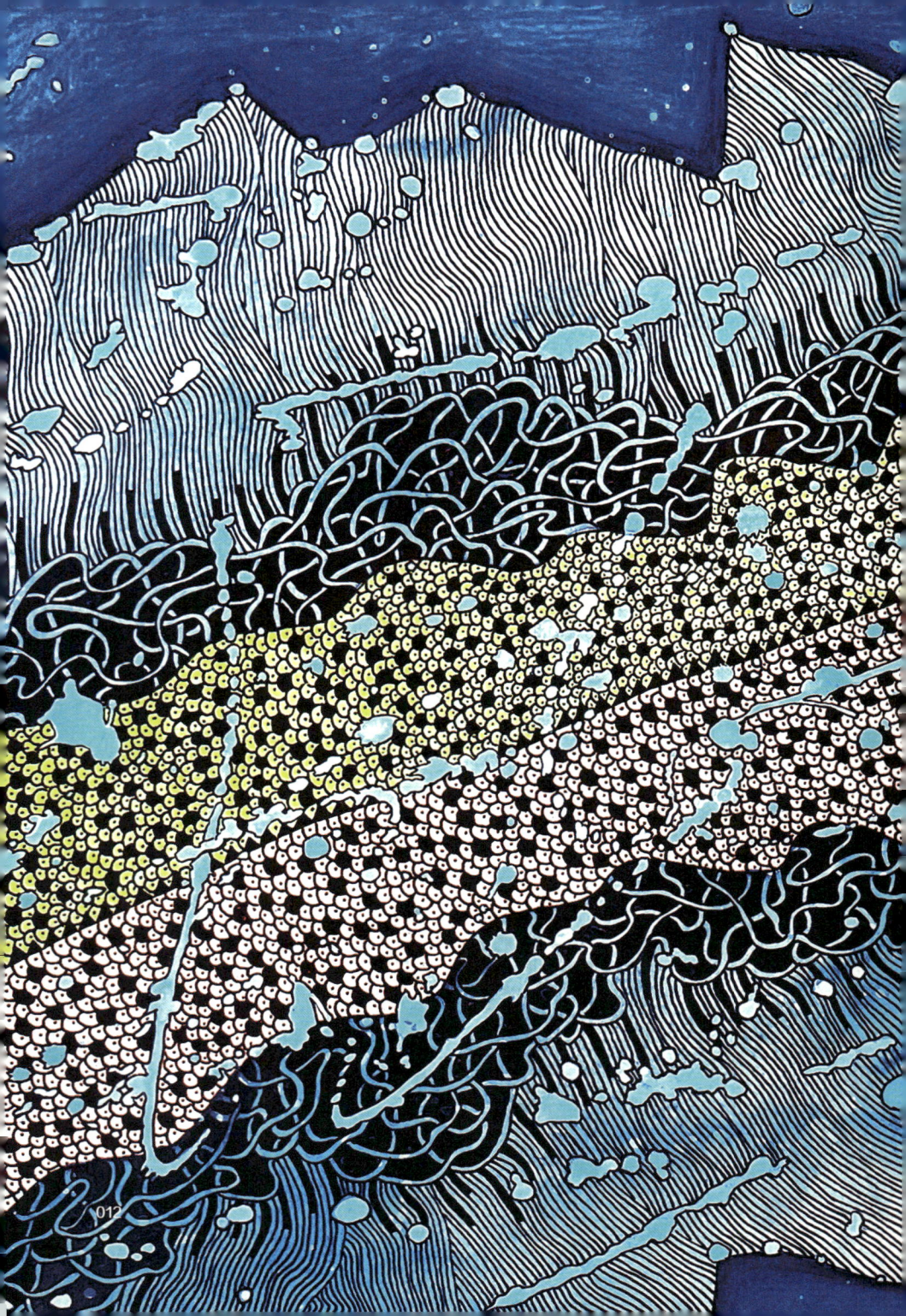

两条石鱼畅游于长江，
与浪花相接，万里奔腾……
他们冲破峡谷，划开原野，映着日
月，寻找向往的田园。

就在长江边上，

有一棵千年黄葛树㊟，枝繁叶茂延伸至天空，根须铺地蔓延至江底。

㊟黄葛树又称"菩提树"，重庆大街小巷都有黄葛树的身影，被寓意为
吉祥之树。它就像重庆的根脉，记录着山城百姓的青春。它的朴实无
华、坚韧顽强，也是这座城市的精神写照。

重庆市江津区李市镇大桥村有一株古老苍劲、粗壮挺拔的黄葛树，人们叫
他"长寿仙树"。此树高12.3米，树主干周长9.8米，树枝范围半径9.5
米，要10人手牵手才能抱住。史料记载，它种植于唐朝，已历经1200多
年的风雨洗礼，至今依然枝繁叶茂，蓬勃生长。古树像守护神一样，守护
着这片土地和人民，是这片土地最忠实的陪伴者，土地依仗它吸收大地灵
气，让这座城风调雨顺、五谷丰登、六畜兴旺。

夏日炎炎，人们坐一根板凳，泡一杯茶，摇一把蒲扇，吹一下"牛"，
在古树下乘着凉，好一派惬意之景！

古树中间分叉的地方有一个洞，树干分叉处形成一个天然的"平台"，四周树根垂落如同幽静的纱幔，绿叶环抱犹如绿色的垂帘，优雅僻静；山泉水顺着树干潺潺地流入小溪，汇聚到长江之中。

两条石鱼沿着长江游到了这里，决定留下来"安家"，与古树和谐共生。

日复一日，年复一年，
两条石鱼在古树的孕育与滋养下，
变成了两只小精灵。

古树依然还是那棵古树，
石鱼的子子孙孙依然与大树和谐共生。

他们如小船，悠扬畅游于长江之中。

他们如鲲鹏，展翅翱翔于天地之间。

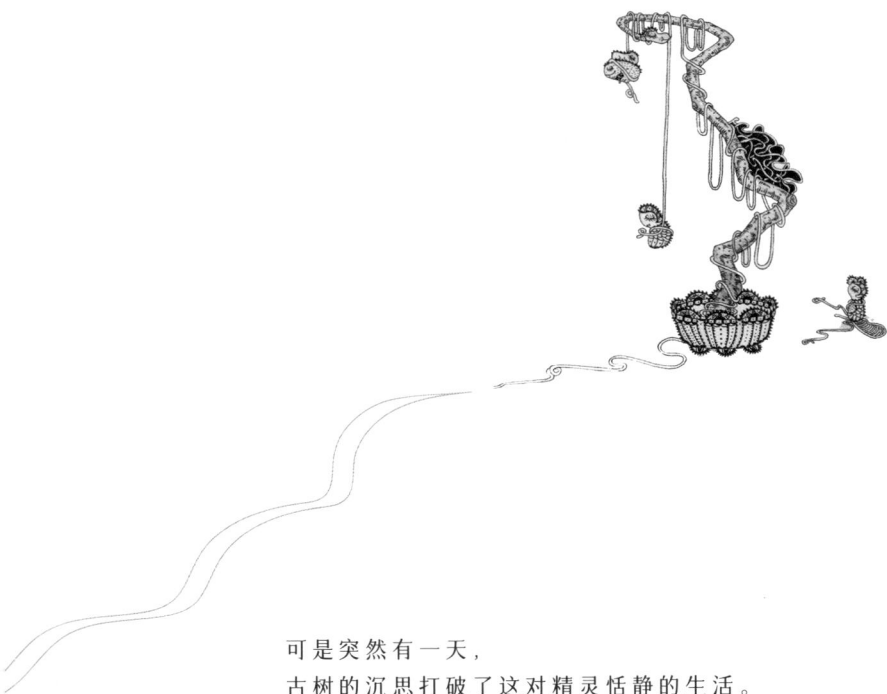

可是突然有一天，
古树的沉思打破了这对精灵恬静的生活。

千年古树："我是一棵黄葛树,在这里生活了千年。我孕育了很多生灵，见证了生死、悲欢和离合，可是一直有个梦想，直到今天都无法实现。"

精灵："您现在不是很好吗？人走了，街老了，可您还是那样苍翠长青，滋养万物，与万物和谐共生。这不正是我们所追求向往的理想吗？"

"虽然很多人说我的树枝茂密，如同大伞，但是我并不知道什么是大，什么是小。"

"虽然这里的万物生灵在我的孕育与滋养下成长，但是我并没有真正地体会到喜怒哀乐。"

"虽然河里的鹅卵石依靠我的力量抵抗浪潮的拍打与冲击，但是我并不知道我到底是谁，也不知道要到哪里去？"

古树的沉思让精灵们沉默许久，仿佛触碰
到他们心底没有打开的那扇窗。他们对照
着内心，也开始不断地追问自己。

"我是谁？"
"我从哪里来？"
"我要到哪里去？"

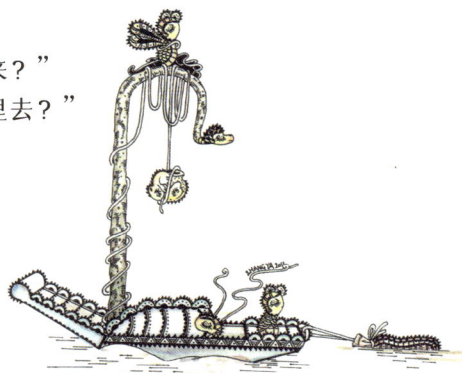

突然，天地混沌，四周一片漆黑，天空中出现一束柔和的光，为两只精灵指出一条明亮的大道。

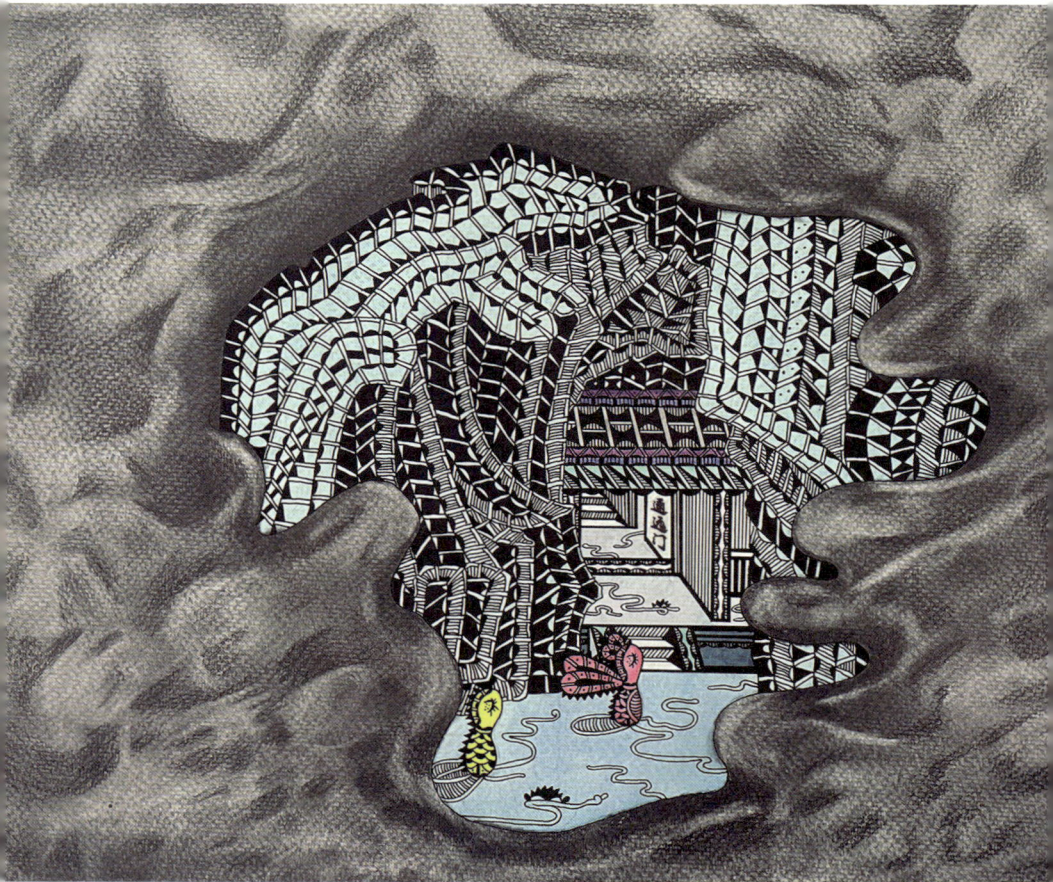

顺着这束光，

他们小心翼翼地沿着幽暗深邃的道路前行，经过九开八闭十七城门㉓时，眼前突然出现了一扇打开的大门，这扇门正是江中的一块巨石，巨石犹如龙头，逢中而断，其形如门，大门正中刻着"通远门"㉔三字。

㉓清乾隆旧志叙述巴县城："明洪武初，指挥戴鼎因旧址砌石城，高十丈，周二千六百六十丈七尺，环江为池，门十七，九开八闭，象九宫八卦。朝天、东水、太平、储奇、金紫、南纪、通远、临江、千斯九门开;翠微、金汤、人和、凤凰、太安、定远、洪崖、西水八门闭。"一座古城建有十七个城门，在中国乃至在世界亦属少见。老重庆城西面靠山，东、南、北三面临水，城墙从西沿的山顶，呈现出典型的具有山城特色的古城墙，向东延伸沿江而建，故称"环江为池"，具有较高的建筑景观价值。明代城墙在宋城的基础上融入了奇门遁甲中的九宫八卦，是中国传统建筑和文化的结晶。

㉔通远门位于渝中区七星岗街道金汤街社区中山一路、和平路、金汤街交汇处，建于明洪武初年，此门形势险要，位居老重庆城最高的山脊之上，门前曾经是陡峭的深沟荒地，旁无左路可寻，恰处咽喉要道。主城门门楣上刻"克壮千秋"四字，因年代久远，早已风化消失。重庆九开门中，通远门是唯一不面水的城门，也是老重庆城与外界联系的唯一陆路通道，故名之曰"通远"，寓意通向远方。

通远门两侧的石敢当㉖左边一条鱼叼着一株灵芝，右边一条鱼叼着一朵莲花。两只精灵似乎想起了什么，他们毫不犹豫地打开大门，竟然是一派阳光灿烂、风和日丽的景象，仿佛走进人间仙境、世外桃源。可见，这外面黑暗混沌，内中却藏有锦绣乾坤，一片大好光景，任谁也会渴望这里逍遥自在地生活。

精灵就此开启寻根问祖之路，沿着长江，跨过大好山河，踏着祖先的足迹，去找寻本该找寻的那些东西……

㉖石敢当为旧时立于宅门或街口巷冲的小石碑，又称将军石，镶刻"石敢当"三字。此为古时民间驱邪、禳解方法之一。在巴渝地区，旧宅村口、老街深巷多能看见石敢当。

寻

我们只是世界万物中的一只精灵，你在你的世界，我在我的世界。原来我们都一样，都在找寻一样东西。当每个人打开窗，所看到的，呈现在眼前的情景、空间、意境是否会如此相似？如果打开心灵的窗户，是否会看到内心想要呈现的那般模样？

自然生态
独与天地精神往来

天地之间
无限于大，无限于小

龙门浩月

（清）王尔鉴

石破天开处，龙行俨禹门。
魄宁生月窟，光自耀云根。
雪浪盘今古，冰轮变晓昏。
临风登彼岸，涂后有遗村。

每到月满之时，天空圆月当照，精灵望着浩瀚的星空，正是这轮明月照耀着他们的路。月光如金子般洒在江面，星月如画般在江面划出一条银星小道。此时，江水不断涌入，形状犹如一轮圆月，江天月影，上下辉耀，好一派"龙门浩月⑱"之景观。精灵向圆月找寻他们要的答案。

㉓龙门浩月位于南岸区南滨路，每当明月沿涂山缓缓升起，长江上波光粼粼，浮银跃金；浩外波涛汹涌，浩内水清浪静。浩湾里星月如画，回清倒影。这一动一静相映成趣，于是便有了"龙门浩月"的美景。早在明代的地方志上就有关于"渝城八景"的记载，"龙门浩月"赫然位列其中。清乾隆年间，颇有文学和审美素养的巴县县令王尔鉴修《巴县志》时，又将其列入巴渝十二大美景。

精灵："浩瀚的星空最大，星空中的尘埃最小吗？"

圆月不答。

精灵："天地之间，广袤的森林最大，千年黄葛树新发的嫩芽最小吗？"

圆月沉默。

精灵："跨越嘉陵江与长江的江面最大，沉淀在江里的细沙最小吗？"

圆月睁开了双眼。

精灵：“您能告诉我，什么是大，什么是小？”

圆月：“世间的大，远远超乎我们的想象；世间的小，也远远超乎我们的想象。真正的大与小，不仅仅在眼界之中，还在我们的心智之中。”

“宽广的胸怀如同你不仅能游在水里，还能飞入空中，哪怕躺在小溪也能仰望星空。”

“鲲鹏水击三千里，展翅九万里；蓬间雀一跃几丈高，停落于枝头。人生境界大小，在于高度与视角，并没有对错，只有选择。”

突然间，一个浪花打来，精灵在水里迷失了方向。

精灵："幽暗的黑夜，我会感到害怕与绝望。"

圆月："地球自西向东转，于是有了一天的昼与夜。
　　　地球围绕太阳公转，于是有了一年的四季。
　　　昼夜交替、四季轮转，这本是自然运转的规律，
　　　一切顺其自然便是最好。"

"寂静的黑夜，我会感到寂寞和惆怅。"

"人生有悲欢离合，月亮有阴晴圆缺。
　黑夜过后就会迎来朝霞，冬天来了，春天还会远吗？"

字水宵灯

（清）王尔鉴

高下渝州屋，参差傍石城。
谁将万家炬，倒射一江明。
浪卷光难掩，云流影自清。
领看无尽意，天水共晶莹。

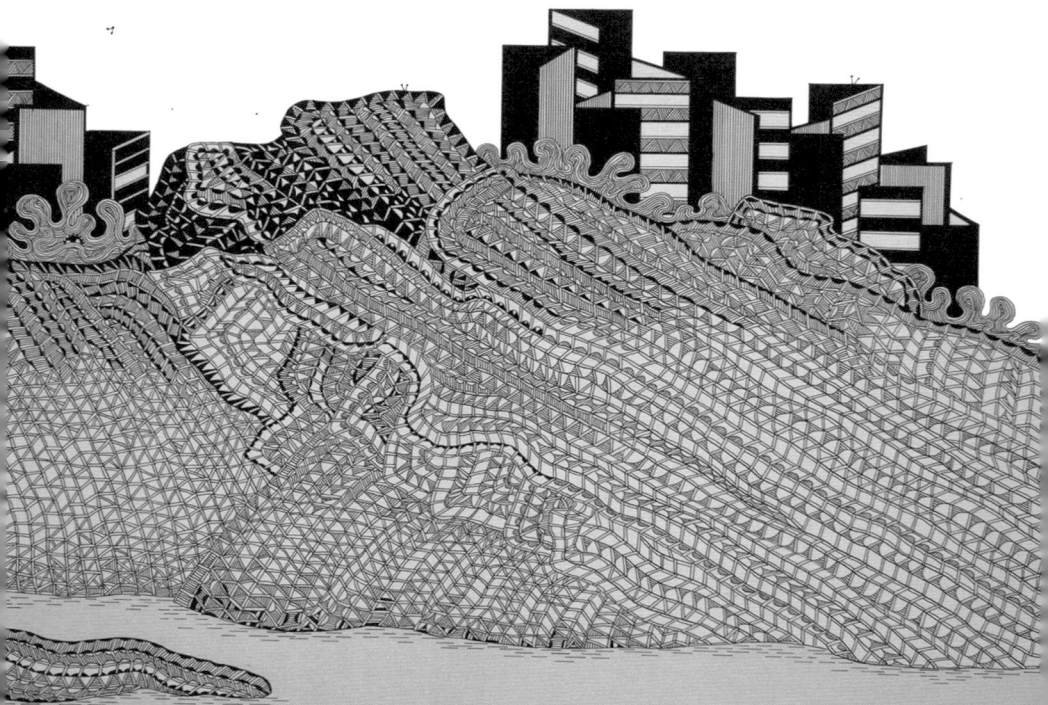

此时的江水流着光、泛着彩，若万花筒般变幻着光与影，彩绣般倾斜于江水中，灯海与波光融合，似画非画，似梦非梦，既遥若天边，又触手可及。长江与嘉陵江蜿蜒交汇，犹如"巴"字，"宵灯"更映"字水"，"字水宵灯"㉔的风流占尽天下。

㉔字水宵灯由重庆特有地形地貌形成，因长江、嘉陵江蜿蜒交汇于此，形似古篆书"巴"字，故有"字水"之称。早在乾隆年间，巴县知县王尔鉴就已发现了重庆夜间的灯火之美，并取名为"字水宵灯"。旧志载："重庆两江交汇，凿崖为城，沿江为池。入夜万家灯火，层见叠出，高下相掩，光灼灼俯射江波，与星月交灿。"下连江水，上接星空，一时间江天一色，渔火簇拥，星月坠地，如梦若幻，美丽至极，是巴渝十二景之一。

052

平常岁月，拥有一份淡泊的心境，平凡的日子便不显得庸碌，繁忙的生活也不失于浮躁。无论外界风霜雨雪，内心都能守得平和淡定，生活才不会迷失方向。

两江之上
淡泊宁静，知足常乐

这时，精灵们游到两江交汇㉒处，前方码头停靠着即将远行与归家的船舶，只闻川江号子㉓正与江水共融，与浪花律动。此时，川江号子的"生命之魂"牵动着他们的心。

㉒重庆最著名的"水"便是长江和嘉陵江。长江从江津境西来，嘉陵江自合川西北来，两江交汇之处是著名的朝天门码头。长江水浊，嘉陵江水清，在码头前可以看到清楚的分界线，可谓泾渭分明。朝天门所属的渝中半岛是渝州旧城所在，旧时只有进了今天的渝中区，才算是进了重庆城。

㉓长江水滔滔不绝，号子声激昂高亢，江水浪花迎合着长江号子，发自肺腑地呼喊，时常交替着震撼心灵。川江航道在千百年的木船航运时代，纤夫是险滩的唯一征服者，每当船过险滩、逆江航行时，都需要纤夫"拉一把"，而纤夫负重前行喊出的一声声高亢、豪迈而有力的号子就形成了著名的川江号子。川江号子是大江浪尖上的歌，是峡江漩涡的曲，更是船工们与险滩恶水搏斗时用热血和汗水凝铸而成的生命之魂。

精灵： "每日两江之上的熙熙攘攘与来来往往，有多少条船呢？"

川江号子： "两条船。"

"哪两条？"

"一条为名，一条为利。"

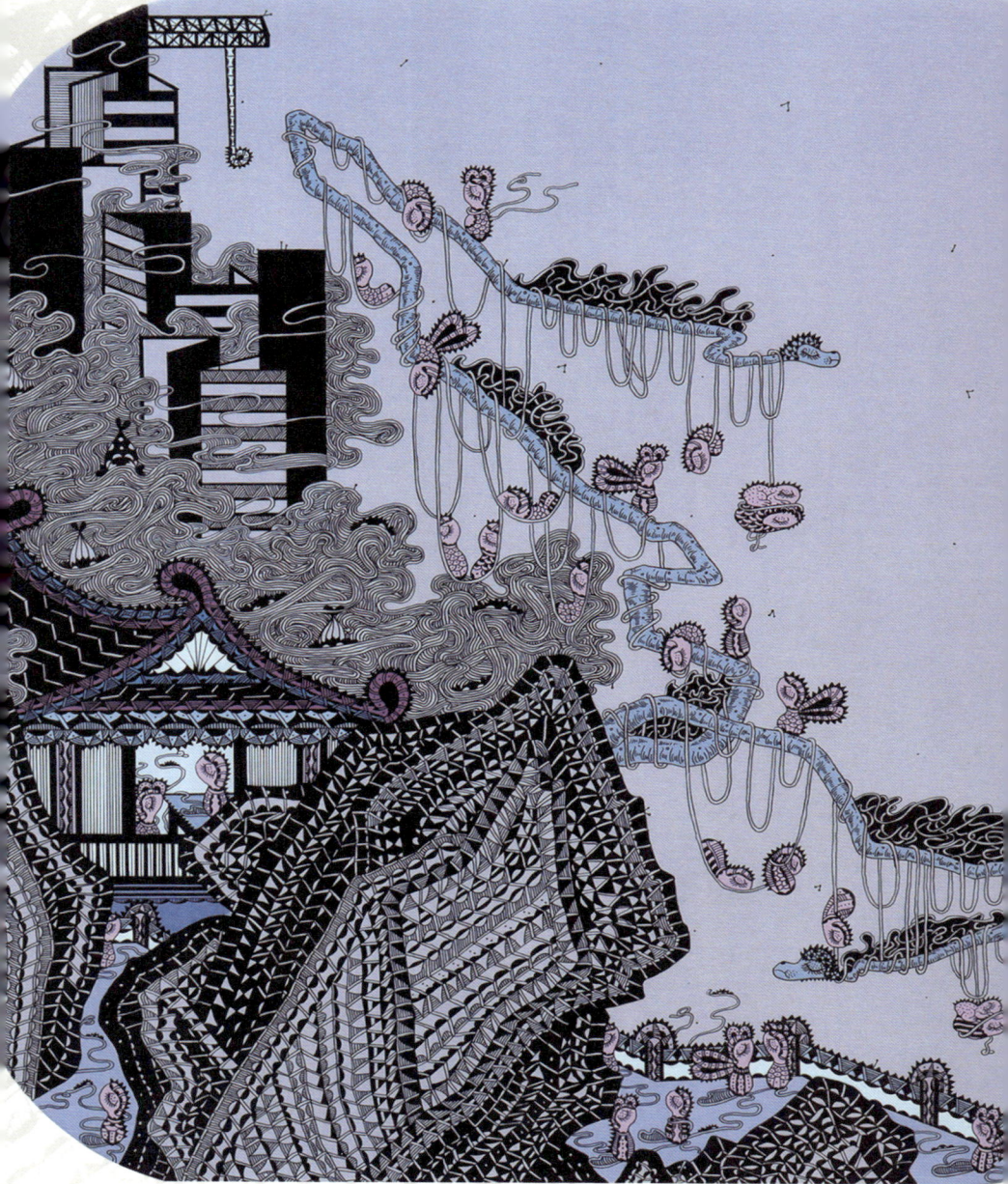

精灵："我一直向往心中的桃源，那条船正是通往淡泊名利之路。可是，我如何做到呢？"

川江号子："小鸟飞过广阔的森林，最终落脚在一根树枝上；鼷鼠饮河中之水，所需不过装满肚皮。人生有涯，不管拥有多少财富名利，拥有多大的房子，睡觉也不过躺一张床罢了。"

"我一直在这广阔的长江中遨游，游着游着前面的大雾让我迷失了方向，险滩密布的三峡是阻碍我前进的动力，只想知道，我还能通向心中的桃源吗？"

"非淡泊无以明志，非宁静无以致远。知足常乐，让你看清自己的目标，看清前进的方向，看清眼前的权衡。有时，我们走得太远，以至于忘记为什么而出发。只有让心静下来，才会有空灵之境，留一份寂寞给生命，让生命更加开阔，更加敞亮。"

精灵们置身于奔流的江水，仰望着屹立巍峨的山巅，
畅快瞬间涌上心头，是大江大河与崇山峻岭的参差，
让他们对这里流连忘返。

最重要的是，

这是一座城在山之中，山在城之中的城。每一座山都有他的故

事，都有走过的足迹，都有那些看过的风景，走过的路⋯⋯

此刻，满山悦耳的松涛与云顶寺的
十二铜铃随山风吹拂，风动铃响与
松涛阵阵的歌乐灵音㉑如天籁之声
回荡在整个山谷之中。

㉔重庆市沙坪坝区歌乐山贯穿重庆中梁山山脉中段，山上植被繁茂，绿树苍郁，被誉为"山城绿宝石"。王尔鉴《小记》："松杉翳日，遇风雨则万籁齐鸣，人以为上方仙乐，不知即山灵清响。"相传歌乐灵音源于歌乐山顶峰的云顶寺，云顶寺始建于明朝，曾有铜钟一口，铜钟高4米，重3000余斤。昔日鸣钟，远在20里外都可听到嘹亮的鸣声，大殿屋檐上还挂着12个铜铃，风一吹，铜铃就会发出清脆的声音，和着阵阵松涛翻滚十里，动听至极，是巴渝十二景之一。

064

或许在江水中漂游太久，精灵们决定去山谷中寻找他们的答案。他们遇见了珍贵的千年古杉。

精灵："美妙的歌乐灵音如此悦耳，我们为什么不能弹奏如此美妙的旋律？"

古杉："你看我身上没有完全相同的树叶，从我身上发出的树枝也没有完全相同的人生。这个世界上，你是一种独特的存在，你以自己的方式歌唱不就是最美的旋律吗？"

"你为什么不问我是谁，也不问我从哪里来？"

"在追梦的路上，不问起点，不问来路。你是谁，出身如何，起点如何都不重要，最重要的是，你在泥泞的道路上，我能否为你遮风避雨，遮阳歇凉。"

精灵："您如此珍贵，大地母亲把您抱在怀里，阳光为您普照，万物之中，您如亭亭玉立的少女屹立在灌木丛林之中，让无数生灵竟折腰，可是却没有一丝傲气。"

古杉："人不可有傲气，但不可无傲骨。傲骨是不畏强权的勇气，是'不为五斗米折腰'的豁达，是一种深刻的自尊和自爱。"

　　"您给我很大的启发，一起走吧，一起去找寻生命的田园！"

　　"这里的山承载了太多生灵的傲骨与气节，他们的意志如山一般坚韧不拔，他们的信念如山一般崇高伟大。我的一生已经扎根在这里，我要守住这里的土地，滋养这里的生灵，迎接这里的朝霞。"

道别古杉，精灵们继续前方的路……

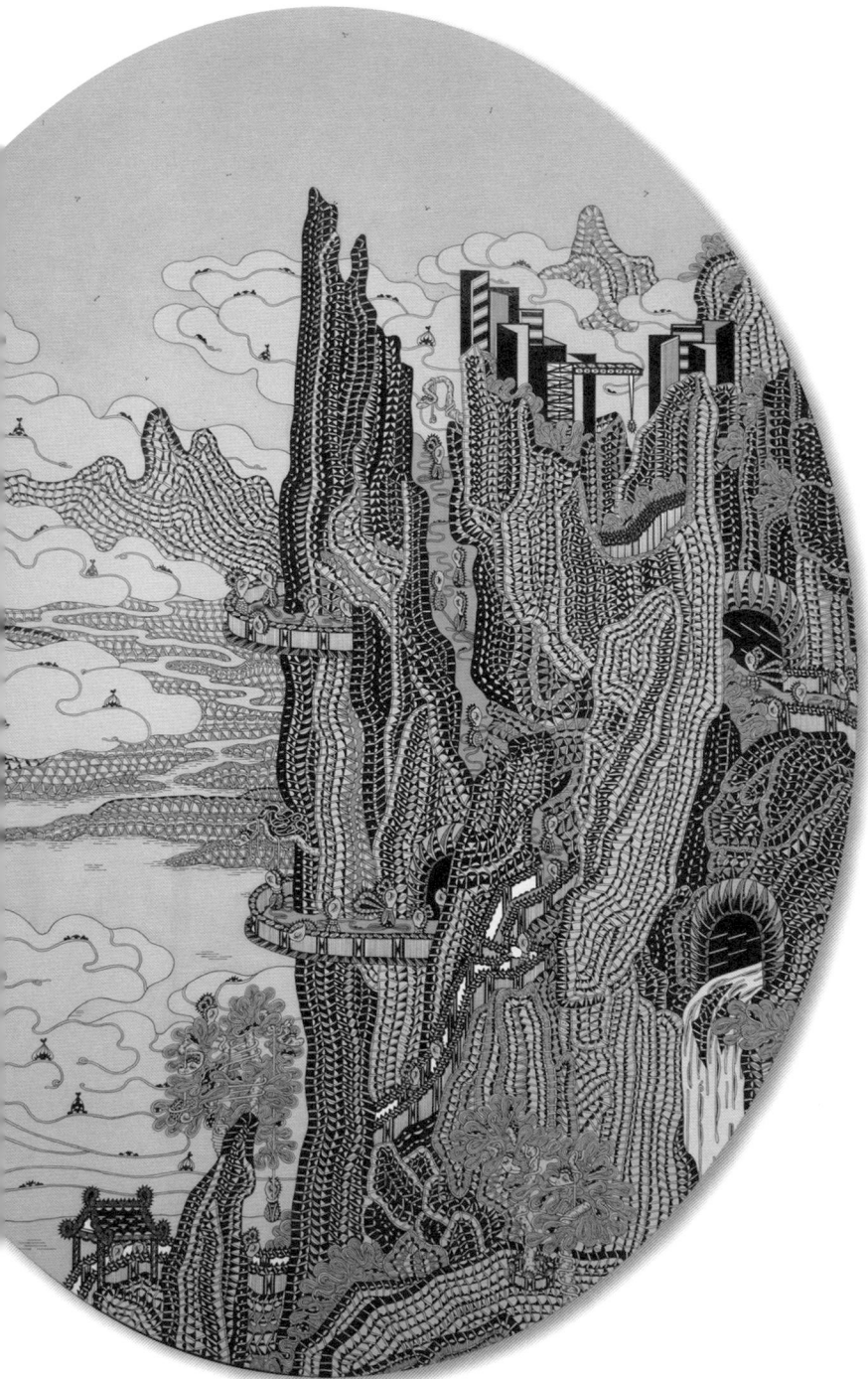

精灵："这瞬息万变的红尘世界，物欲与诱惑让万物浮躁不安，为何你却保持内心如山一般的沉稳，悠然站立在这山林之间呢？"

木鱼："我们都是水里的鱼，不管是游动或是静止都不会闭上眼睛，而是精进不懈地面对修行的人生。"

"浮躁如同黑洞，无声无息中吞噬本来宁静的灵魂。为何你如山一般幽静守住寂寞，你的声音让凡尘杂念召回念想，将散乱的心抛洒在人世间。"

"问君何事多忧愁，自叹壮志乐不愁，佳运江智扬帆起，指点江山万里游。"

精灵："有时候我希望自己像长江一样浩瀚；像小鸟一样翱翔；像云杉一样名贵；像您一样能有坐看云起时的悠扬。可是很多时候，我无法选择，我不能选择自己的出身，不能选择自己的境遇。"

木鱼："花的开谢随季节转换，水的流淌依地势变幻，树的摇摆随风的方向。所以，花可以鲜艳夺目，水可以缓缓流淌，树可以茁壮成长。"

"您身在山林之中，有的树欣欣向荣，有的树叶黄枯落，为何您如此从容淡定？"

"荣的任他荣，枯的任他枯。不以物喜，不以己悲，若能有大山的从容沉着、平和洒脱、处变不惊，便是追求自然，享受坦然，安好自在。"

缙岭之霞

(清) 王尔鉴

蜀山九十九，萃此九峰青。

霞胃悬丹嶂，云开列翠屏。

光华歌复旦，肤寸遍沧溟。

更孕巴渝脉，人文毓秀灵。

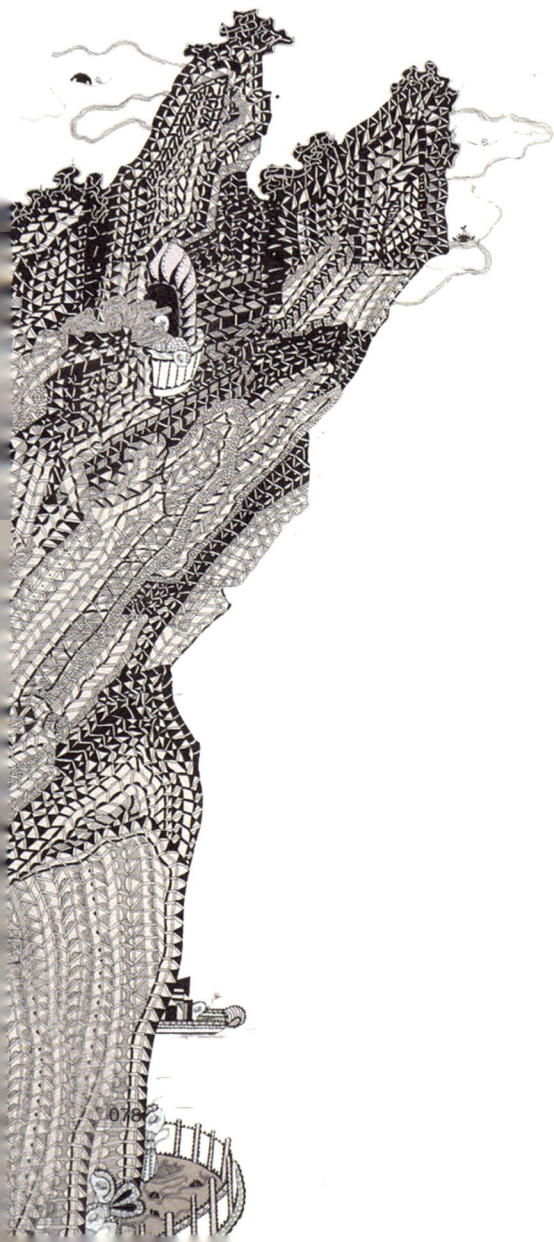

缙云山^注由东向西分别耸立着九座形态迥异的高峰，苍松古柏与丹崖翠壁相郁蒸，缙岭云霞，缙云即山也，云来山掩，云去山现，九峰争秀，色赤如霞。

此刻的两只精灵已站在莲花峰之巅，无论是日出还是日落，都有红霞相伴。

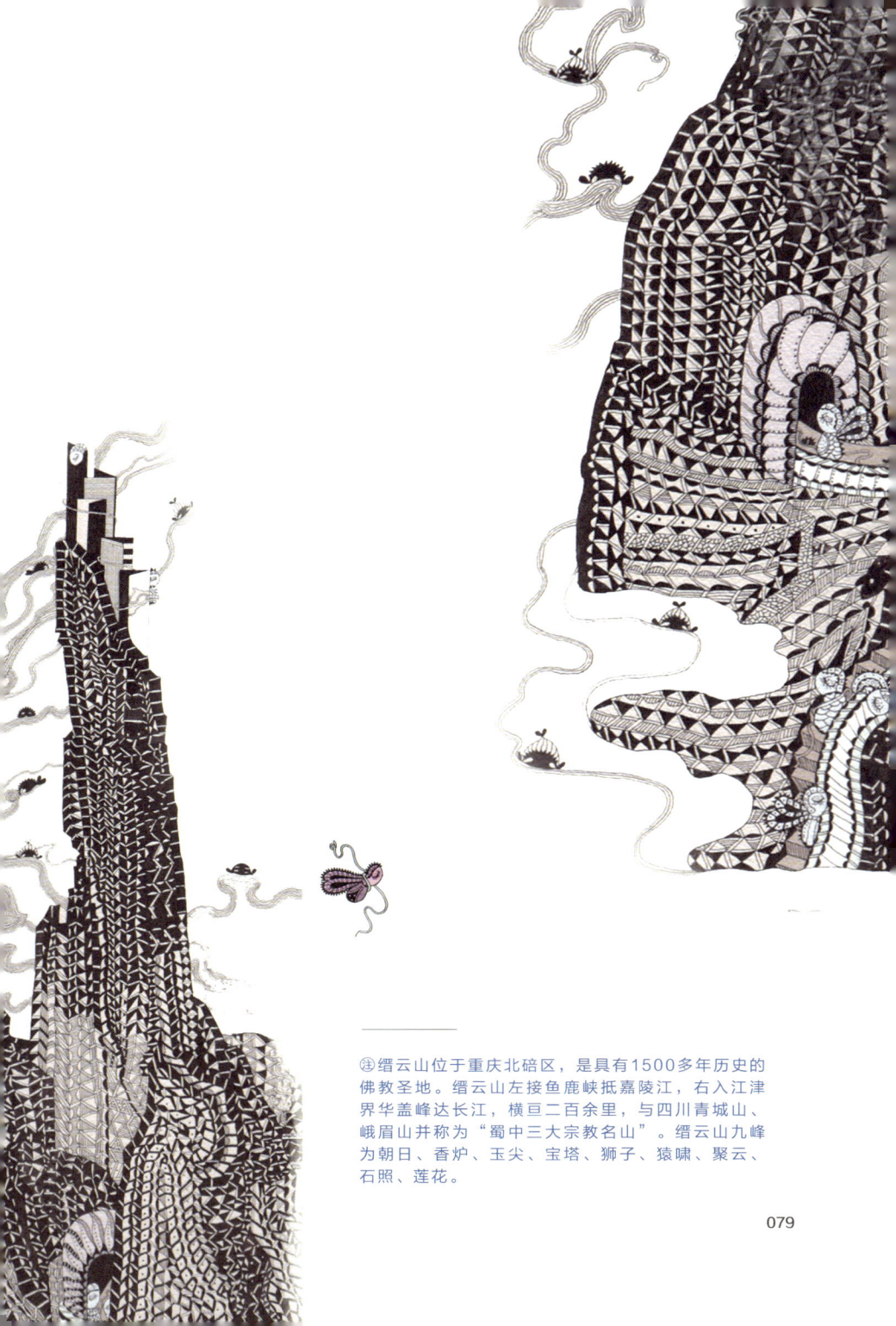

㉔缙云山位于重庆北碚区，是具有1500多年历史的佛教圣地。缙云山左接鱼鹿峡抵嘉陵江，右入江津界华盖峰达长江，横亘二百余里，与四川青城山、峨眉山并称为"蜀中三大宗教名山"。缙云山九峰为朝日、香炉、玉尖、宝塔、狮子、猿啸、聚云、石照、莲花。

精灵："看山不是山，看水不是水；看山是山，看水是水；看山不是山，看水不是水；看山还是山，看水还是水。"

莲花峰："万物之初，幼小纯真，看山就是山，看水就是水；渐渐长大，走进山水之间，发现山水不是原来想象中的山水，因此，看山不是山，看水不是水；人到中年，经多年修炼茅塞顿开，回归初心做回自己，走出了山水之间，回头再看，看山还是山，看水还是水。"

"您只是一座山峰，却如此明白人生。可是，您没有高山的险峻，没有平原的辽阔，也没有江河的波涛。"

"这里的山，不争不抢，不吵不闹，却拥有喜乐的心境；这里的山，不昂首天外，不随波逐流，却用刚毅与执着坚守初心；这里的山，不驰于空想，不骛于虚声，却是脚踏实地，滋养万物。"

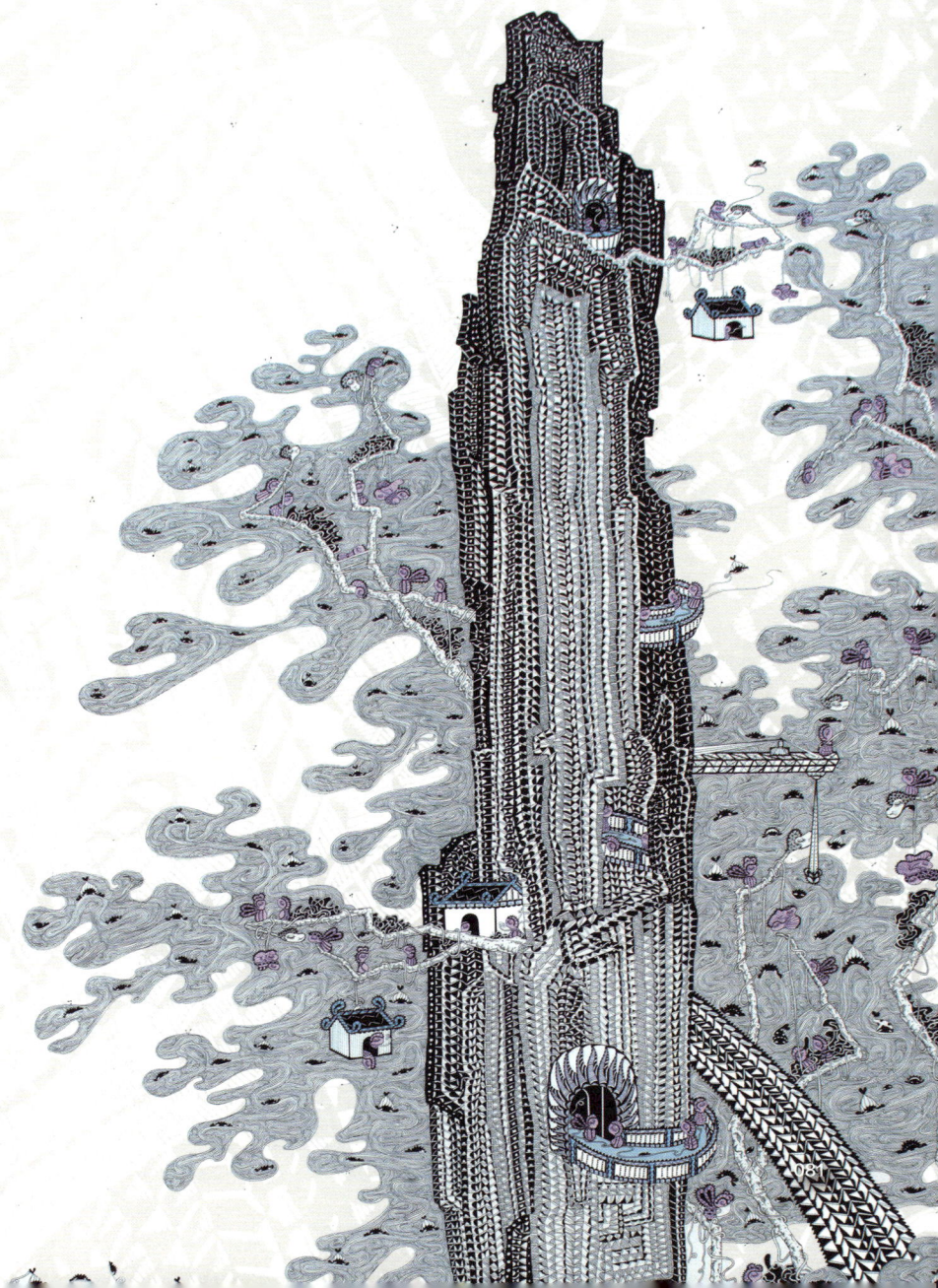

精灵："您没有流水的潺潺，没有山花的烂漫，也没有小鸟的欢腾。"

莲花峰："这里的山，不喜于色，不怒于形，却经得起狂风的侵蚀，暴雨的拷打，酷暑的煎熬。"

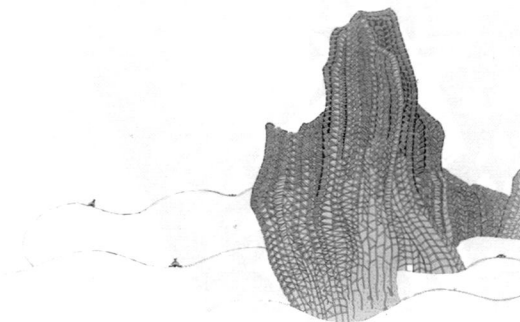

"您没有苍鹰的翱翔，没有车马的喧嚣，也没有山泉的欢唱。"

"这里的山，不乱于心，不困于情，却容得下每一块石头，聚得住每一粒尘埃，既接纳参天大树，又涵养葳蕤小草。"

"您没有蓝天拥抱太阳的热情，没有星星围绕月亮的温柔，也没有微风带给云朵的飘摇。"

"这里的山，不念过往，不畏将来，却被自然赋予自强不息的品质，永不言弃的灵魂和坚韧不拔的意志。"

山顶眺望，山下这座城与水相伴尽在眼底，城那头的悬崖峭壁上，有一扇从来没有打开过的门，门上题刻"洪崖洞"㉔，这洞好似一个大肚子酒瓶，穿过细长的脖颈，到达宽阔的腹部，内中竟藏一个另外的世界，时间和空间在洞中扭曲折叠，只要穿过它就能迅即到达另一个时空维度。

㉔洪崖洞坐落于重庆渝中区，今沧白路一带为当日的洪崖坊，城外为洪崖厢。悬城石壁千仞，上刻"洪崖洞"三大篆字，洞内可容数百人，洞外玄天一色，春冬溜滴，夏秋如瀑布，珠飞高岸落，石苔叠翠，池水翻澜，洪崖滴翠涌入大江之流，好一派美景。

洞内以一道瀑布遮掩，
这里的瀑布小时滴水，大时飞瀑，瀑布下沿着蜿蜒的河床流向
大江，形成洞中独特的天地。

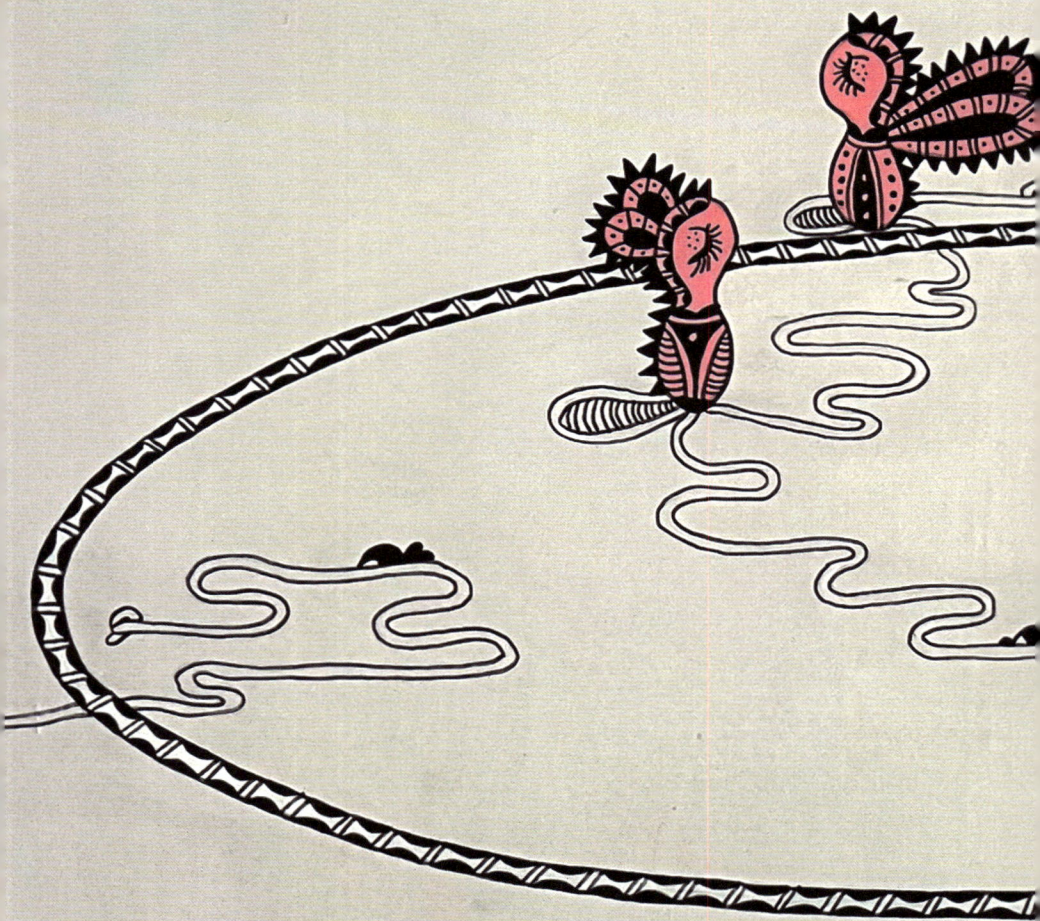

"一滴水怎样才能不干涸？"

"将他汇入江河之中便不会干涸，这好比我们之间永远都相互鼓励帮助，所以才能游这么远，看这么多景，品味人间百态，感悟人生真理。"

"天下的水汇聚成河，最终流入大海，河水永远不会停歇他的脚步，我们也在坚持追逐我们的梦想。"

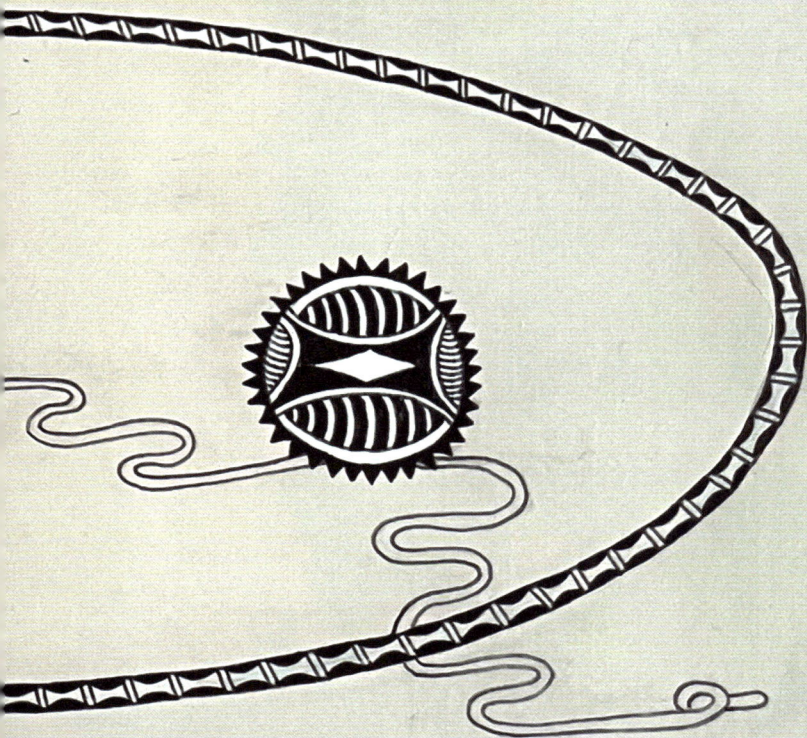

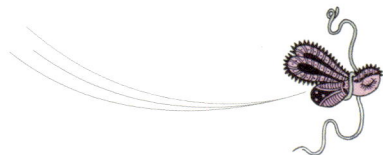

他们相视一笑，沿着蜿蜒曲折的山路继续向前，这里的山路崎岖陡峭，溪流潺潺沿着蜿蜒的山路汇入江河之中……

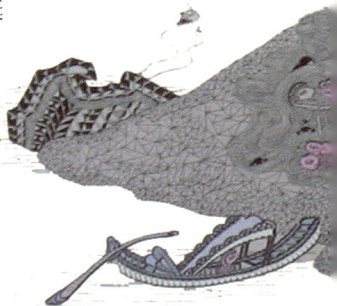

091

"地球不停地转动，江水滚滚向东流。看着这些流动的小溪，你有什么感触？"

"谁都知道两点之间直线的距离最短。但是，崇山峻岭不允许小溪选择最简单、最省力的路线，世界上没有哪条小溪能笔直地流入江河，也没有哪条河流自源头开始笔直地冲向大海，几乎每条溪水河流都要经历一段曲折、蜿蜒的路才能成河入海。"

"前方的路有千万条，我们该如何做出选择呢？"

"河流的志向是向东入海，于是他们坚定地以大海为目标不断前行。无论跨过几座山，转过几道弯，最终都将汇入大海。"

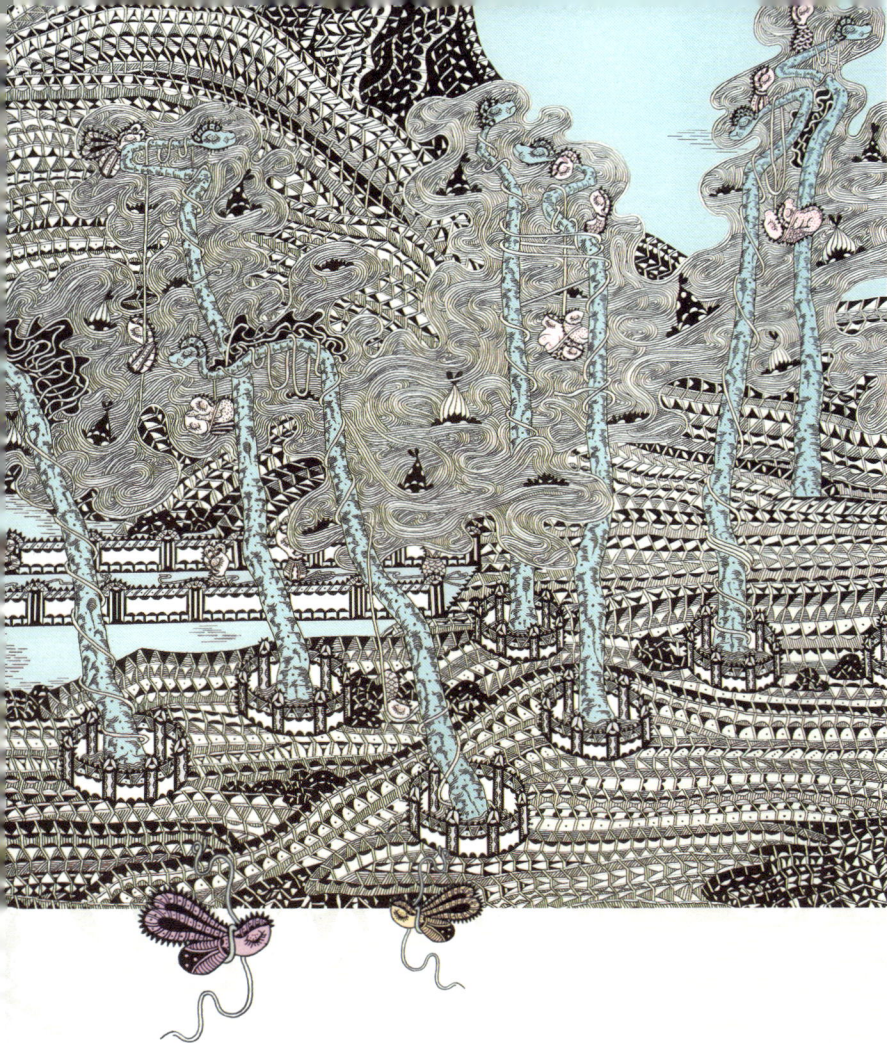

"立志！目标！对人生来说太重要了！"

"是的，人生可以没有指路牌，但人生不能没有目的地。山间
溪水不会直接入海，而是先汇入小河，再汇入大江，最终奔腾
汇聚融入大海。"

"只有不断地积累力量，才能在追逐梦想的道路上永远前行吗？"

"积累的过程很艰辛，没有山花的浪漫，没有浪花的激情，没有鲜花和掌声。相反，是种子在泥土深处萌发的孤独努力，是前进的脚步在泥泞道路上留下的足迹，是一步一个脚印登山而行的坚韧不拔。没有长期积累的艰辛，怎能有瞬间爆发的力量？"

这时，
他们看到江面上的灯塔，仿佛看到远方的路
与曙光，水才是他们全部的希望。

两只精灵一跃跳进这奔腾不息的江水，此刻的江水用他的全部接纳包裹着精灵，依然那样热情，那样温暖。

精灵："你看不见我的眼泪，因为我在水里。"

江水："我能感觉到你的眼泪，因为你在我心里。"

"为什么我总是在您的怀抱里。"

"因为我的心中装着你的寂寞,当我明白你是鱼
的那一刻,就知道你会一直游进我的心里。"

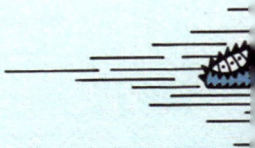

城市生态
万物平等，返璞归真

江水是如此包容，精灵在这里畅游，转眼已是千年。半岛灯海㉑的夜幕宛若轻纱一片，轻轻地掩盖住太阳的余晖。微风在江面吹起细细的波浪，两岸投下的灯光，万家民居错落有致，层间叠出，霎时散作满天星似的人间灯火，一闪一闪，车船流光顺着青荇生长的方向蔓延，五彩的灯光在江底汇聚，路在水里筑成。精灵披着带光的衣裳，逆过温暖的水流直上云霄，这是一次新生的呼唤。

"绚烂夺目，天地被照亮，黑夜仍是黑夜，但已是别样的白昼。"

"层楼叠榭，山川被改写，山林仍是山林，但已是别样的山林。"

"跨越这片熟悉的江，飞越这片熟悉的河，穿越这片茂密的山林，我们仍是我们，但已是全然的新生。"

飞过高山，越过丛林，在圆月之光的照耀下，披着
金箔的金鹰㉓以深邃而刚毅的眼神瞭望着这座城。

㉓南山大金鹰位于重庆南岸区南山之巅。南山大金鹰直
立于重庆主城制高点，见证了这座城市直辖以来的飞速
发展与变化。此刻的你一定要记住："只要看见南山大
金鹰，不是远行，就是回家！"

精灵："您一直矗立在南山之巅，云海之中，俯瞰这里的山水，千变万化是否唯有您不变？"

金鹰："万物皆变化，在我的生命历程中，必须经历一次痛苦的蜕变，我用自己的喙不断击打着岩石，断裂、粉碎、脱落，日月的剧痛、煎熬、历练与蜕变，让我更加坚强、雄劲、洒脱、刚毅，锤炼如钢铁一般的意志，惊心动魄地再生，犹如凤凰涅槃。"

精灵："每个生命在其过程中都要经历蜕变，才能慢慢长大、成熟，成为大自然中完整的个体，我们也如此吧！"

金鹰："蜕变是一种善行，是对生命的确证，是对生命的完善，更是对生命的尊重。你看，这座城因为蜕变，与山相连，与水相接，这是一座生命之城的新生。"

雅室何须大，
花香不在多

这是一座山城㉓，山水相依，整座城被重重山峦环抱，山中有城，城中有山；山中有房，房中看山。

㉓重庆位于四川盆地的东南边缘，川东褶皱带，整座城依山而建，道路高低不平，建筑错落有致，山即是城，城即是山，别称"山城"。重庆，就是一座生生不息的城市！人在城中，城在山中，而人和城本在众山之中；重庆，同样是一座爬坡上坎的城市！沿着串联成珠的山城步道遍览全城，是一种充满市井而魔幻的生活；依山而建的山城民居，推窗见绿、出门见景，也是一种探寻诗与远方的幸福。

这是一座站立的城，半山下，半山腰的高楼拔地而起，高楼之间伴着苍翠的黄葛树与鲜艳的山茶花㉝，夹着坑洼不平的石板路老街，镶嵌着爬满藤蔓的青瓦砖墙里，巴渝民居㉞错落有致的在历史与现代间交织交错、共融共生。

㉝黄葛树为重庆市市树，山茶花为重庆市市花。黄葛树属高大落叶乔木，茎干粗壮，树叶茂密，生长快，寿命长，并且喜光，耐旱，耐瘠薄，适应能力强，象征重庆人勤奋、勇敢和顽强的精神。山茶花系山茶科，花期长，盛花期通常在1-3月，花色鲜艳，颜色多样，有70多个品种，象征着重庆的多彩文化和重庆人的热情奔放。

㉞巴渝民居的代表并非只有大家所熟知的吊脚楼和小青瓦，还包括西式风格建筑群，形成此三类建筑风格的因素：一是重庆江水环绕、山势起伏的地形特点和潮湿多雨的气候环境；二是外来移民带来的多元化的建筑文化；三是19世纪30年代，重庆开埠后，西方文化的植入及影响。可见，巴渝民居的建筑风格具有"兼容并蓄、海纳百川、因地制宜、灵活多变"的特点。

这还是一座魔幻之城㉘。房如积木顺山盖，轻轨穿楼如纽带。在这里，停靠在八楼的2路汽车等着十六楼地下室的那位小伙儿；在这里，坐电梯下负6楼，出来竟发现是心仪姑娘家布满花草的阳台。

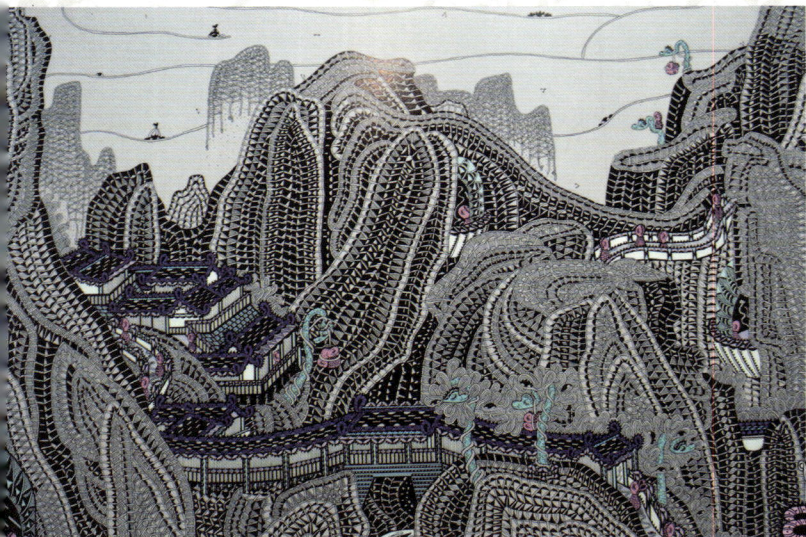

㉘魔幻之城必有魔幻的地方：洪崖洞和《千与千寻》中梦婆婆的汤屋相似，所以这里被称为现实版的"千与千寻"。轨道交通在李子坝穿楼的瞬间无不体现重庆的魔性。乘坐长江索道一览滔滔江水，宛若自己在一个小玩具匣子里，进入美妙的童话世界。开在巴南界石的波浪公路上仿佛感觉自己来了个冲浪。白象居，魔幻城市里面的魔幻建筑，不管你在一楼还是在十楼，出来通通发现自己在"一楼"。而在离解放碑不远的地方，有一个左营街天桥的地方，桥下多出来的十几层楼房让人惊叹不已。除此，在魁星楼广场的尽头，会发现有两座悬空的天桥，一头连着广场，一头连着写字楼。桥上高楼林立，桥下亦是！

精灵们沿山水而行，伴着鸟语花香，看见重庆江边沿山坡处，有几根杉树撑着的一间间四四方方的木楼，木楼不大，建在飞檐斗壁之上，山石洒落，野草遍地，蕉林丛生，绿树成荫，好一派独特而神秘的景象。

精灵："您是谁？"

吊脚楼："我是在这里生活了上百年的吊脚楼㉓。"

"您不如砖瓦坚固，没有高楼挺立，建在陡峭
的悬崖，为何不去改变自己？"

"雅室何须大，花香不在多。继续追寻已经拥
有的东西，对我来说就是幸福。"

_____

㉓吊脚楼是中国南方山区常见的民居建筑，尤以重庆、川南、湘西、鄂西一带为
多。吊脚楼是由几根杉木撑着一间四四方方的木楼，远远望去，像一个鸟笼。莫
看那吊脚楼歪歪倒倒的，晃晃荡荡的，似乎风一吹就要倒下来。殊不知，即便有
地震来摇它撼它，它也不会倒下。发洪水时，浑浊的江水一夜就漫了上来，淹了
它的脚，又推又摇。它"叽嘎叽嘎"响几下，仍然立在那里，江水无奈，只好后
退，等明年再来。外地人见了，莫不以为是奇迹。重庆城的吊脚楼有两大特点，
一是建在悬崖峭壁上，二是捆绑而成。那"脚"与楼并不垂直，而是形成一定的
"拐脚"，"拐脚"吊脚楼可以充分利用悬崖陡坡，最大限度地节约土地，既合
理又适用。旧时，重庆城沿江城门之外的码头上，吊脚楼一栋挨一栋，几乎都是
这样的"拐脚"吊脚楼，成为江岸的一道风景线。

精灵："和你一样的吊脚楼所剩无几，为何你要
坚持让自己成长在这里，让万物与你共生？"

吊脚楼："我不断在找寻生命的意义，这样会让我因为生存能
力的完善与增强而感到快乐。小草虽然缺乏自我保护，但是它
在努力地成长，努力地抵御严寒酷暑。万物生灵都在努力地让
自己的生命能够延续，这何尝不是一种快乐。"

"快乐的源头在哪里？"

"当我们欣然地接受生命赋予我们的一切，包括困境、伤害、恐惧；当我们将自己的欲望、激情、热情与生活达成一致；当我们不能改变就去接受，能改变就去坚持的时候，真正的快乐就会散发出荣耀的光芒。"

"房的大小承载不了快乐的温度，快乐却能让小小的房有爱、有快乐，更有温度，这里真是一座有温度的城，诚如有温度的我们。"

造舟为梁
不显其光

诗经·大雅

大邦有子,俔天之妹。
文定厥祥,亲迎于渭。
造舟为梁,不显其光。

彼时，精灵们随着城市轨道㉚在空中如同过坐山车般，一会儿上天，一会儿入地，一会儿飞驰，一会儿漂移，城市索道㉛连接两岸，如同玩具匣子装入美好、快乐与期待，毛细血管般的路桥㉜如同生命通道承载着每个生命的绽放，联通着每个生命的情感，激发了这座城的活力，唤醒了这座城的灵气。这座城，山在这头，索道通向山的那头；水在那头，桥与轨道通向岸的这头。呈现的都是这座城的道，一条激活生灵万物的道。

㉚两江四岸构成的自然本色，让重庆因地制宜地形成了魔幻与颜值并存的立体交通。"开往春天的列车"即轨道2号线佛图关沿线，这段轨道建在地形陡峭的悬崖之上，轨道两边盛开的美人梅形成桃色的花海，列车沿着山边穿行犹如进入花海一般。重庆轨道交通2号线李子坝站，因为"空中列车穿楼而过"，轨道交通在李子坝穿楼的瞬间无不体现重庆的魔幻。轨道6号线蔡家嘉陵江轨道专用桥上的"云端列车"，感受到穿越于天地之间的那份神秘，这就是重庆城市轨道的魅力。

㉛城市索道连接的两岸分别位于渝中区和南岸区，往返于渝中区的新华路和南岸区的上新街，被誉为"长江第一空中走廊""山城空中巴士"。

㉜重庆以桥之多、桥之奇、桥之魅名扬四方，被称为"桥都"。重庆的桥，横跨在江河沟谷之上，环绕在城市之间，凝聚了建桥人的智慧，更展现了重庆人民开天辟地、积极向上的奋斗精神。黄桷湾立交桥，曾让电子地图都苦不堪言，也是传说中错过一个路口就要开启重庆一日游模式的立交桥，其错综复杂的结构，让人直呼重庆魔幻！

精灵："你与万物精神彼此渗透，
与自然生态和谐共生。"

桥："要让这里的一切找到心灵深处原初
的东西，永恒的东西，这是我的夙愿。"

"你凌驾于水面之上，将原本遥遥相望
的两岸成功连接，合二为一。"

　　"我就是心灵之间的纽带，指引他们
　　通往极乐的方向。"

精灵："您的两端好似两个不同的世界，一端是向往理想的桃源，另一端则是回归世俗的世界。"

桥："我愿意成为过去与未来的分割点，注入鲜活的生命力，让万物不会因为时间的久远而失去活力，让生灵在自然和谐、浑然一体的状态中展现出最本真的自我。"

"您好似一道光，让自然万物聚集起来；
　好似一片舟，承载万物间彼此对话的整体。"

"造舟为梁，不显其光。就让我承载万物的一生，
　见证他们的长大与成人、爱情与婚姻、离别与死亡。"

精灵: "这正是生灵万物从此岸到彼岸，逐渐走向成熟，把握真谛，回归本真归宿的过程吗？"

桥: "这是桥赋予生命的引导，在经历挑战、遭遇坎坷时，引导生灵万物去找到方向，获得力量，实现生命的绽放。"

"您无比重要，无论您引导我们去向何方，都是我们心灵的依靠、爱的港湾、归乡的方向。"

131

水流千里，
归去来兮

一个百年的码头㉛，不系风雨不系雾霭，只轻轻系着世世代代的延续与未来。轻轻环绕着迈向四面八方的脚步，温柔的浪潮霎时涌起，犹如潮水冲涤着心灵的拷问。

停泊在码头的船只，随着浪潮行千里致广大㉜，犹如一个智者，在无尽的江河中看尽悲欢离合与人事繁杂。

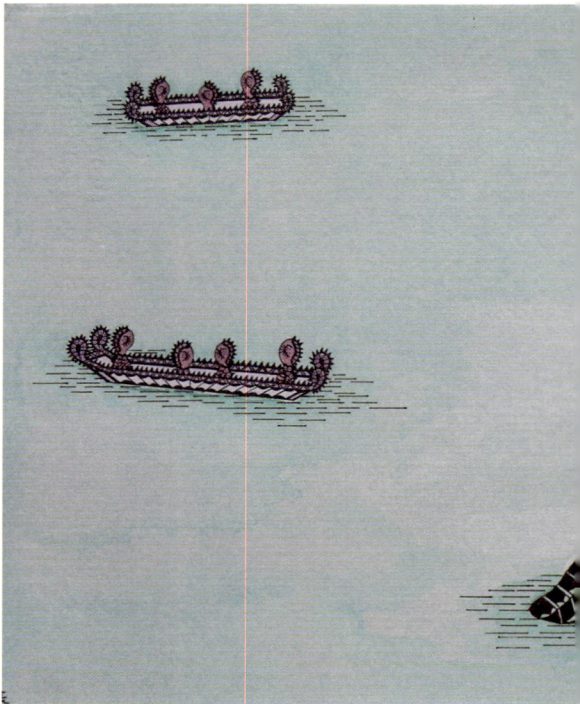

㉒重庆长江缠绵着嘉陵江，两江四岸绵延近百公里。有江水，自然就有港口，有港口，便少不了码头。重庆码头占有得天独厚的优势，它立于长江上游，水深浪平，是天然港口，更是长江流域水运往来的咽喉要道。码头文化注入每个重庆人的血液之中，曾经的重庆码头就是口岸，口岸代表重庆人一直以来重感情、热情好客的性格。人来人往、素不相识的陌生人或许远走他乡、或许远游返乡，都会以真诚豪爽热情相迎，这无不体现出这座城市的精神品质和人文品格。

———————

㉓"重庆"二字可解释为"千里为重、广大为庆"，在群山环抱江水穿城的重庆，是中国同时有山又有江的大城市，在重庆"行千里"，可以领略巴山渝水的独特魅力，开阔视野胸襟，既是一种精神状态，深谋远虑和行动自觉。"致广大"就是拥有全球视野，高瞻远瞩的视野与格局。这座城因为有了"行千里致广大"的精神品格，让魅力重庆因山清水秀而"颜值"更高，因开放开明而"气质"更佳。

精灵： "您是一条行驶千里的船，
什么才是最遥远的距离呢？"

船： "世界上最遥远的距离，不是生与死的距离，而
是你在码头的挥手与我在船头的别离。"

"世界上最遥远的距离不是树与树的距离，而是同根
生长的树枝，却无法在风中相依。"

"世界上最遥远的距离不是翱翔天际的飞鸟与潜藏江
底的鱼儿的距离，而是心与心的距离。"

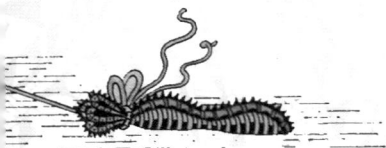

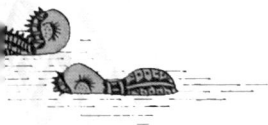

精灵："怎样才能最快地拉近心与心的距离呢？"

船："风能让我行驶在江河，离目的地越来越近，但目光比风更快，目光所及，风没到，目力已经到了，可是目光依然不是最快的。"

"到底什么才是最快的呢？"

"目光未及，心已到达。行船千里，依然会停泊
到港湾，水流千里最终会归汇于大海。"

"树高万丈落叶也会归根，无论你生在这座城或是
离开这座城，只要你心有所向，他永远都是你
停泊的港湾，爱的归宿，精神的家园。"

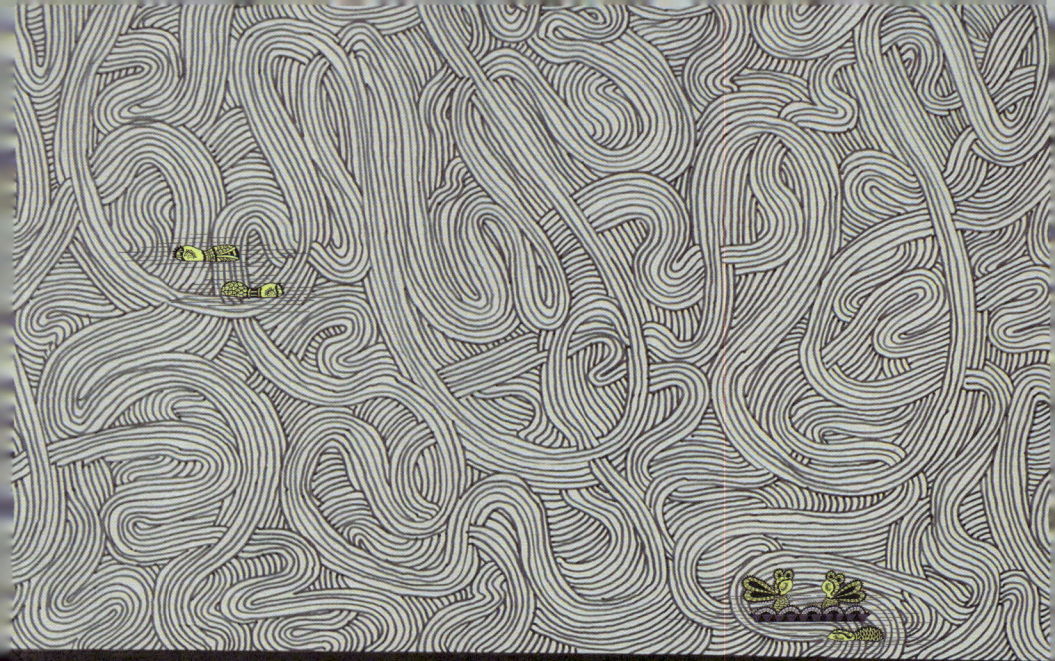

138

此刻，精灵终于明白自己到底是谁，
为何而来，为何而去……

北海，潮气终于即自自已流逝了，

如何而来，如何而去……

人文生态
子非鱼，安知鱼之乐

庄子·秋水

庄子曰："鲦鱼出游从容，是鱼之乐也。"

惠子曰："子非鱼，安知鱼之乐？"

庄子曰："子非我，安知我不知鱼之乐？"

惠子曰："我非子，固不知子矣；子固非鱼也，子之不知鱼之乐，全矣！"

夏虫之乐 | 虽说夏虫不可以语冰，但飞蝉蛰伏于泥
土数载，只为一个夏天的奋不顾身，人
生的快乐就是努力去绽放自己的绚丽。

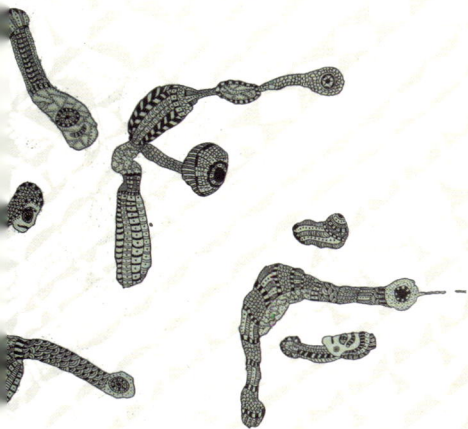

这就是我的夏虫之乐！

爬坡之乐 | 在天地之间畅游，才明白，每上一级台阶，就能收获一处风景；每翻一座坡坎，就能迎来一个新世界。

这就是我的爬坡之乐！

麻辣之乐　　｜　　喜欢这世间麻辣鲜香的味道，铜锅中翻滚着的是炽热滚烫的人生，热爱这座城里每一个把日子过得酣畅淋漓的人。

这就是我的麻辣之乐！

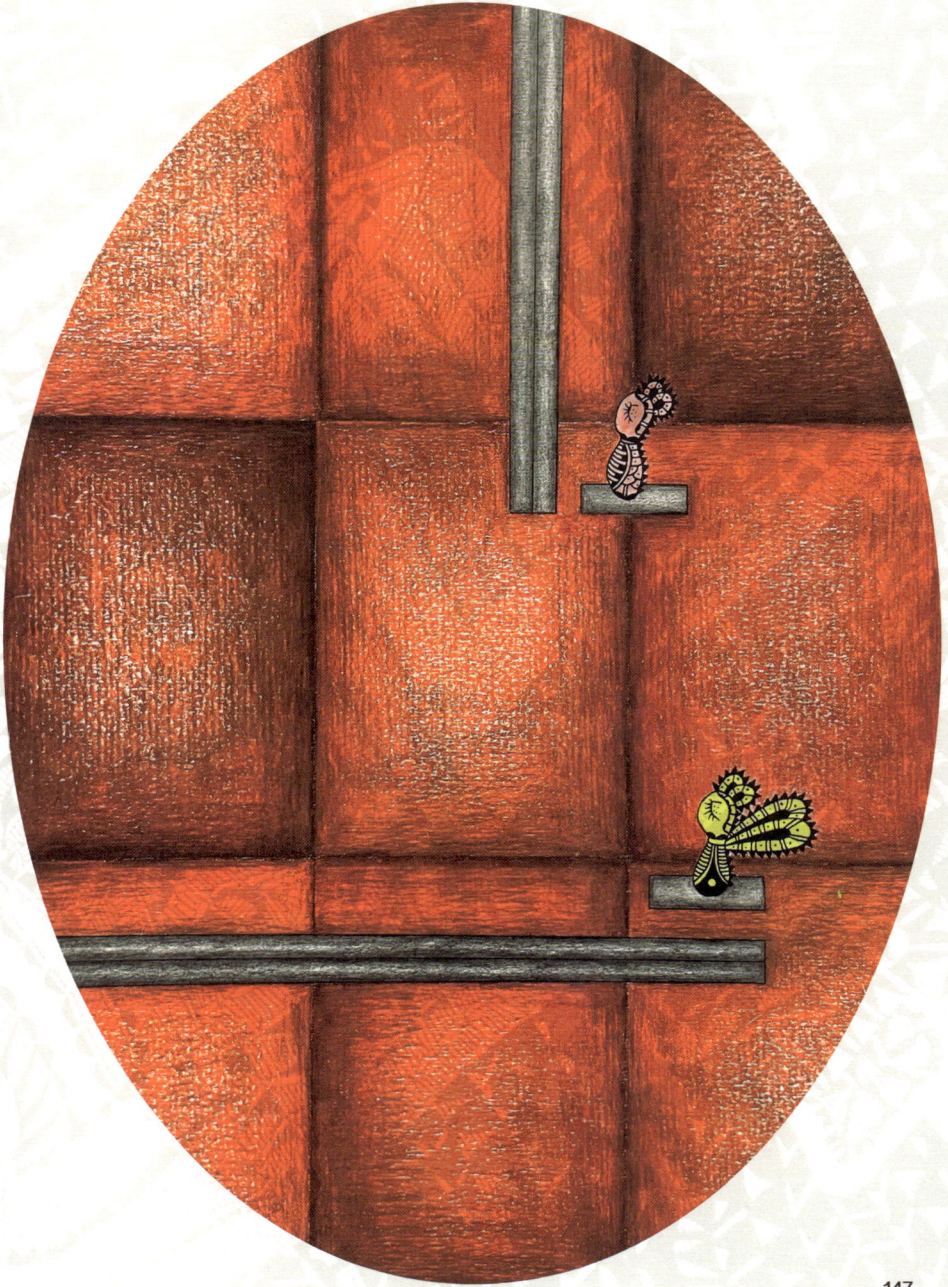

山水之乐 | 飞越这崖壁山河，流连在山水之间，云卷了又舒，
生命似水悄悄东流，但也奔腾不息。
快乐啊，就在天地山水间。

这就是我的山水之乐！

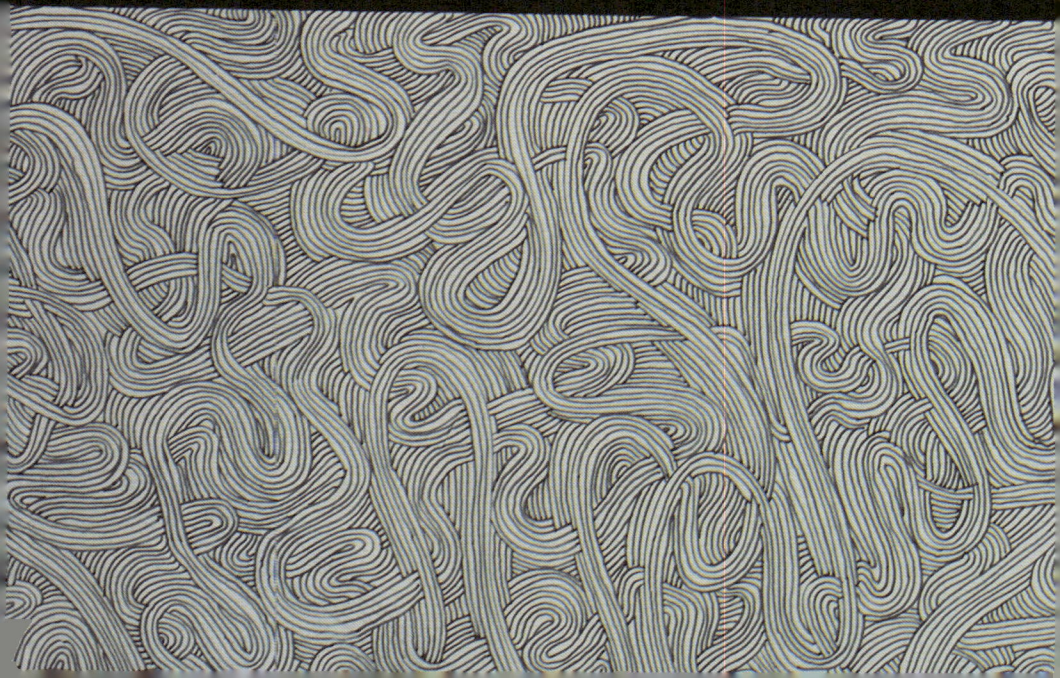

归 一

大道合乎自然，天以道为法，地以苍天为法，人以大地为法，而道法自然。

世间万象，合乎规律为最好，人世间，诸事没有技巧高低之分，只有境界优劣之辩。

以道观物
万物归一

万物共育而不相害
道并行而不相悖

精灵向万物发出了人生之问：

境界取之于什么？
大道！

什么才是人间的大道？
无思无虑则知道，
无处无服则安道，
无从无道则得到。

真正洞察自己的内心就会把握独一无二的自己，
拥有自己的人生才能诠释有意义的生命。

此时，两条美丽的江交汇，犹如两只美丽的精
灵，交汇于朝天门码头，他们轻轻地拥抱对方，
怀抱彼此、和合共生。

两只精灵就是白鹤梁上的千年石鱼。
游鱼之乐，万物归一。

后 记

《游鱼之乐》中的"鱼"来源于宋开宝四年（公元971年）重庆涪陵区白鹤梁的山脊上题刻的一对石鱼。每条鱼都有36片鳞，一条鱼叼着一枝光亮的灵芝，另一条鱼叼着一朵莲花，旁边放着一个斗和一个秤杆，涪陵城因"石鱼出水"被载入史册，寓意"石鱼出水，以兆丰年"。作为山水之城的重庆，"鱼"也是"渝"的谐音，不仅代表重庆的吉祥之物，也是本书的主角。

白鹤梁上雕刻的双鱼图像和题刻

《游鱼之乐》以美好的童话故事讲述了重庆白鹤梁上的这对石鱼在自然恩泽之下变成两只精灵，将人文作为主线沿着长江展开一系列寻梦环游。他们以独特的方式开启别样的人文之旅，探索这座城的城市性格与人文品格，在山水之城——重庆的自然生态、城市生态和人文生态中开启寻梦环游，在与不同"角色"的对话中寻找心中的田园与人生的意义。

《游鱼之乐》其名来源于《庄子·秋水》，汲取中华文化哲学智慧，在"以道观物"的感知下，将生命主体回归到原始、本源的意义之上，以"独与天地精神往来，而不傲倪于万物"的态度与其他生命体进行交流的精神体验，将"游鱼"在内的万物作为与人平等的生命体进行交流的精神体验，"游鱼之乐"的体认与把握，秉承"天地与我并生而万物与我为一"的信念，实现意义上

的开放、自由，在这样的精神状态中，生命主体并非因为精神世界的自由而具备好似看待万物的俯视；相反，正是因为我们生命个体秉承与天地相通的包容与开放，从而体验自然天地的"不言之大美"，进而实现对天地间一切生命乃至生命体的一种平等、尊重的态度，去追寻的"物我通融""无言之美""物我冥合"的自由、开放、包容的精神。

书中插画探索追寻"桃源异域"理想生活与人生境界，画意不像文人画的松壑山林，更像传统界画的高山楼阁。界画中耸入云端的亭台楼阁是古人对隐逸、仙境、永生的渴望。古人认为，高山之巅的楼阁能够直通仙界，云雾缭绕的亭台，让凡人也犹如仙人，栖居高楼上吸日精月华、修身养性，最后成仙、飞升，界画中的山间高楼就是接通天人的桥梁。界画是古人的视觉上和心理上对永恒彼岸的向往，一种"天人合一"的精神世界，一种理想化的人居环境。

作品不是对界画中的桃源仙境的模仿与向往，也不是古人的隐逸精神世界的简单重复，不是希望回归传统，也不是迷恋现代，而是一个扎根传统文化幻境与现代景观分庭抗礼。插画风格介于西方与东方两者的意境之间，是现代的繁荣与古代幽静的交织，是对理想城市的设计与向往，也是对幻想的空间与现实的生活两者边界

的探索,除了显而易见的幻境、隐逸和庇护之外,更是对城市的空间、人与城市的关系等问题的探寻和理想定义。当传统桃源遇到现代都市会碰撞出什么结果?谁也不知道,但是让我们无限思考这一切的可能性。将美与重庆文化符号融合,将当代城市生活与人文精神相结合,实现追寻生态审美与乐观开放态度的人生追求。

本书希望通过"游鱼"的所见所闻带给读者以下几方面思考。

第一,自然方面。自工业革命以来,面临一系列大自然的灾难,比如地震、山洪、泥石流、龙卷风,甚至全球新冠疫情全球爆发的黑天鹅事件。生态问题日益严重的今天,我们应该反思,我们是否过高地估计人定胜天,而更应该像"游鱼"一样用敬畏之心与自然和谐共生。

第二,精神方面。在多元文化融合的时代,全世界人都处在全球智能化与信息时代的社会模式之中,人类仿佛摆脱了对大自然的依赖,钢筋水泥、魔幻大楼成功地将人与人、人与自然进行了隔离,人类的衣食住行难以再沾有灌木丛林与泥土花草的气息。人与人之间,人与自然之间的沟通被过分地介入了工具与制度,就此丧失了与天地间之间的交流,自然时空的体验场域被数字为基础的虚拟世界占领,人类的精神体验与自然形成隔膜。"游鱼"引领读者前往一个全新的精神世界,以主动而开放的态度改变人与人之间、人与自然的认知与关系,以尊重生灵,"赞天地之化育"的理念实现人类精神世界的命运共同体。

第三,传播方面。中华文明是四大文明中唯一没有断层的文明,五千年文化精髓注入我们这个时代的精神命脉,给了我们这个时代一个最伟大的命题与使命,那就是讲好中国故事,向全世界传播中国文化,找到最大公约数,寻求最大的文化认同。"鱼"在水中不断"游"动,就是一个文化交流与传播的过程。

创作过程不易,在此感谢给予本书支持的朋友们。感谢重庆社会主义学院(重庆中华文化学院)的领导和同仁对本书出版的大力支持;感谢"巴渝艺文丛书"团队,您们为同一份情怀相聚、相识、相知,不断为本书创作加持赋能;感谢张亚女士于我们之间的默契,因为怀揣着共同的价值信念,使文与画一脉相承,心灵相通;感谢中国广播艺术团张旭光先生,您用美妙的玄音《鸥鹭忘机》将书中的万物生灵"活"了起来,琴瑟相知,万物通灵;感谢重庆大学出版社蹇佳编辑全心全力为本书的出版付出了大量心血;感谢我所有的遇见,让我拥有如此有趣丰富的人生,用充满色彩的生命去感悟书写我们的故事。此刻,或许更该感谢的是正在阅读此书的您,正因有您的一路相伴,才会让未来的美好如期而至。

2022年8月

与自我要　安

与他人要　化

与自然要　乐

与大道要　游